図解

給与所得者のための
10万円得する超節税術

大村大次郎

祥伝社黄金文庫

目次

第3章

付録 さらに税金に強くなる!!

●本書は平成16年1月小社より刊行された『よく分かる図解サラリーマンスーパー節税術』を平成22年1月15日時点の法令に基づいて加筆・修正し、再編集したものです。

STAFF
◆イラスト／浜畠かのう
◆カバー・本文デザイン／石垣和美（菊池企画）
◆編集／菊池企画
◆企画プロデュース／菊池真
shin@kikuchikikaku.co.jp

序章

これからの
給与所得者に向けて

給与所得者でも節税の余地はたくさんある

給与所得者（サラリーマンやOLなど）は、税金についてすっかり諦めてしまっている感がある。

「節税というのは、自営業者や資産家がすること」

「サラリーマンの収入は、ガラス張りなんだから節税なんてできっこない」

と。しかし、それは勘違いである。

サラリーマンやOLでも節税の方法はたくさんある。

給与所得者の税金（所得税、住民税）は、その人の収入に対して課せられるものである。

給与所得者は収入がガラス張りなので、確かに収入は動かしようがない。しかし、税金がかかる収入というのは、実際の収入からさまざまな控除を差し引いた残りである。税法ではさまざまな控除があるので、これをうまく使えば、けっこう大きな節税ができるものなのだ。

節税にはこんな方法がある！

節税策というのは、普通のサラリーマンが思っている以上にたくさんある。

たとえば、医療費控除。

医療費控除というのは、医療費が多額にかかったときに、税金が安くなる制度である。

この場合の対象となる医療費というのは、純然たる病院の診察料、薬代だけではない。一定の要件を満たせば、スポーツジムの毎月の会費や、指圧マッサージ、鍼灸《しんきゅう》、カイロプラクティックの費用も対象となるのだ。

一定の要件というのは、基本的に治療行為であること。予防のためではなく、どこか具合が悪いときに講じたものであればＯＫということだ。スポーツジムの場合は、それに医者の証明が必要になる。

税金には誤解もたくさんある

税金の世界では、誤解もたくさんある。誤解をしているために、みすみす節税の機会を逃しているケースも多い。

たとえば扶養控除。

扶養控除というのは、家族を扶養しているときに、税金が安くなる制度である。扶養控除というと、一緒に住んでいる家族のみが、その対象となると思っている人がほとんどである。しかし、扶養控除の要件は、必ずしも一緒に住んでいることを求めてはいない。遠方に住んでいる親も、一定の条件を満たせば扶養に入れることができる。その条件も一般に思われているよりもかなり緩いものである。

税金の世界では、こういうのがいくらでもあるのだ。給与所得者は知らないだけであって、決して「節税できない」わけではないのだ。

会社に任せてはいけない

給与所得者の税金に対する最大の誤解は、「税金のことは会社がすべてきちんとやってくれる」ということである。

会社というのは、確かに給与所得者の源泉徴収をしてくれている。扶養控除や生命保険料控除などの一定の控除もやってくれる。

しかし、会社がやってくれるのは、最低限の控除だけである。控除は他にもたくさんあって、会社だけでは完結しないものもある。

たとえば、社会保険料控除は、家族の分（別世帯になっている子供や親の分）を払っていれば、それも控除の対象となるが、会社が控除の手続きをしてくれるのは、あくまで本人の社会保険料だけなのである。もし、家族の分を別に払っていれば、それは自分で申告しなければならない。会社はやってくれないのだ。

これからのビジネスマンは税金に強くあるべき

これからのビジネスマンは、税金に強くなければならない。

税金というのは、自分だけのことではない。会社にも大きく関係しているし、ビジネスにおいて税金の問題というのは、けっこう大きいからだ。

サラリーマンは、自分の税金に疎《うと》いので、必然的に会社の税金にも疎い。それはビジネスをやっていく上で、大きなハンデといえる。

税金は、個人の収入や、会社の利益に対してかかってくるものである。

節税をするということは、自分の収入を増やすということでもあるし、会社の利益を増やすということでもある。

会社経営者や個人で事業をやっている人というのは、税金について恐ろしく詳しい人が多い。それは、会社経営者や個人事業者にとって、税金は事業の利益、資金繰りに直結する問題だからである。

彼らは、1円でも多くのお金を残すために、節税に非常に労力を使う。税金は利益の4割程度かかる。利益を4割増加させるということは、ビジネスの世界ではなかなか難しい。しかし、節税をすれば、それは可能になるわけである。

節税というのは、ビジネス戦略上、不可欠なアイテムなのだ。

これからのビジネスマンというのは、会社にいわれたとおりのことをするだけではやっていけない。会社は、今、どういう状況にあるのか、自分はそれに対して何をすればいいのか、それを考えられるようにならなければならない。そのためには、税金の知識は不可欠といえる。

税金の知識を得るためにも、まずは自分の節税をしてみることである。

第1章

給与所得者にも いっぱいある節税方法

1 あなたにも節税の余地がいっぱい

給与所得者には、節税の余地がないというのは嘘。工夫をすれば節税の余地はいくらでもある。

サラリーマンやOLなど給与所得者は、収入と家族構成で税額は自動的に決められてしまう、と思っている人も多いようだ。

給与所得者が源泉徴収されている税金というのは、所得税と住民税である。その両方とも収入に対してかかってくる税金であり、課税所得×税率で算出される（税率は課税所得に応じて変わってくる）。

税金のかかる課税所得というのは、「収入ー所得控除」で算出される。所得控除というのは、事業でいうならば、いわば経費に相当するものだ。

給与所得者は、収入をごまかしようがない。しかし、経費にあたる部分、つまり「所得控除」については、増やす方法はいくらでもあるのだ。

所得控除を増やそうといっても、「所得控除は、すべての人に一律に決められているので動かしようがないのじゃないか」と思っている人も多いだろう。確かに所得控除は、事業における「経費」ほど種類は多くない。

しかし、誰もが一律に決められているわけではなく、使い方によってはまったく違ってくるのだ。

知らないばかりに不要な税金を払っている

所得控除の中には、一般にはほとんど知られていないものもある。本当はもっと税金が安くなるのに、みすみすそのチャンスを逃してしまっている人も多いのだ。

たとえば、雑損控除。これは、災害や盗難などにあったときに、被害額を所得から差し引くというものだが、盗難被害にあったサラリーマンが、雑損控除を受けていることはほとんどない。またシロアリ退治をしたときなども雑損控除を受けることができるのだ。

このようなことを知っていれば払わなくてすんだのに、知らないばかりに不要な税金を払っているケースはいくらでもあるのだ。

サラリーマンにも節税の余地は十分ある！

A氏は、入社10年目のサラリーマン。年収400万円。住まいは実家で、若干のお金を入れている。

A氏の父親はリストラされ現在は無職。退職金を取り崩して生活している。今年は、さらに母親が入院してしまった。

A氏は独身なので、税金は高い。A氏は、常々税金の高さを嘆いていた。あるとき先輩から「親父さんがリストラされて無職なら、ご両親をお前の扶養に入れたらいいじゃないか」「お袋さんが入院したのなら、医療費控除を受けられるじゃないか」と教えられる。

A氏は、両親を扶養に入れるなどとは思ってもみなかったし、母親の入院費で、医療費控除を受けることも思いつかなかった。

A氏はさっそく会社に扶養控除等（異動）申告書を提出した。医療費控除は、自分で確定申告をした。その結果、今まで払っていた20万円の税金が0になった。

源泉徴収されているサラリーマンの税金とは

●サラリーマンの源泉税のしくみ

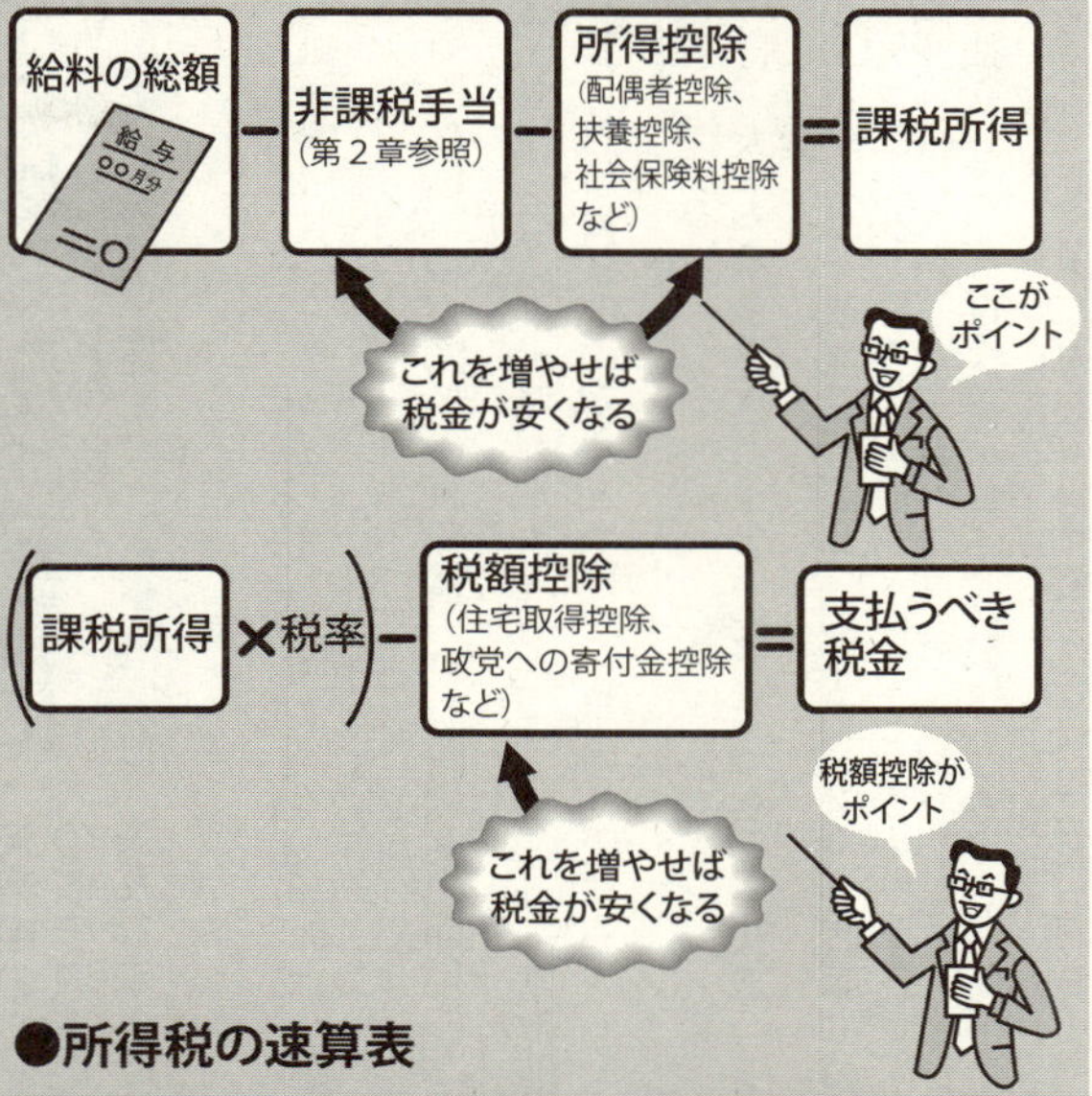

●所得税の速算表

課税される所得金額	税率	控除額
195万円以下	5%	0円
195万円を超え330万円以下	10%	97,500円
330万円を超え695万円以下	20%	427,500円
695万円を超え900万円以下	23%	636,000円
900万円を超え1,800万円以下	33%	1,536,000円
1,800万円超	40%	2,796,000円

2 かたっぱしから扶養に入れてしまおう

失業中のお父さん、フリーターのドラ息子、年金暮らしの老親、みんなまとめて扶養に入れよう。

扶養控除というのは、家族、親族を扶養しているときに、受けられる控除のことだ。扶養控除をひとり増やせば、最低でも38万円の所得控除となる。税率10%の人で住民税を含めると7万円程度、税率20%の人では、11万円程度の節税になる。

学校を卒業しても、定職につかずにいる子ども、リストラや倒産などで失業中の親兄弟、また年金暮らしの無所得状態の親などがいて、誰の扶養にも入っていないのなら、ぜひ扶養に入れよう。

子どもの場合、大学を卒業するような年齢になったら、扶養には入れられないんじゃないかと勘違いしている人もいるようだが、扶養控除に年齢制限はない。何歳であっても扶養に入れられるのだ（2010年の税制改正で、15歳以下の子どもの扶養控除は廃止）。

また、一度独立して、一旦扶養からはずれた子どもでも、仕事をやめてまた家に戻ってきたような場合は、当然扶養控除に入れることができる。離婚して出戻ってきた娘さんなども、もちろんだ。

必ずしも同居していなくても、生計を一にしていれば、扶養控除に入れることができる

税法上の「扶養」の定義は、「その人を扶養していること、その人と生計を一にしていること」となっている。

しかしこれは必ずしも一緒に暮らしている必要はないのだ。別居している親を自分の扶養に入れている人はいくらでもいるし、税務署がそれをとがめることもほとんどない。「生計を一にしている」という定義も、あいまいなものだ。実際は、ほとんど金銭的な援助などは行っていないのに、「扶養」としているケースもかなりある。

扶養控除を増やすのは簡単だ。会社に提出する扶養控除等（異動）申告書に、扶養する者の氏名を記載すればいいだけだ。年末調整が終わった後でも、確定申告をすれば扶養控除分の税金の還付を受けることができる。また過去の分も、５年前の分までは遡《さかのぼ》って確定申告をすることができる。

一旦扶養からはずれた子どもも扶養に入れられる

A氏は、年収600万円のサラリーマン。

長男は、大学を卒業したあと、会社に就職したが、1年でやめてしまった。まだ再就職はせずに、この2年ばかり家でブラブラしている。ときどき、アルバイトをしているようだが、せいぜい月に3、4万円程度で、自分の小遣いを稼いでいるに過ぎない。

A氏は一旦、扶養からはずした子どもは、もう扶養に入れることはできないと思っていた。しかし、A氏の長男が仕事をやめたことを知った会社の経理担当者から、今、子どもに所得がないのであれば、扶養親族に入れられることを教えられた。

そこでA氏は、一旦扶養親族からはずれていた長男をまた扶養親族にした。所得税、住民税を含めると、10万円以上の節税となった。

また去年の分も、確定申告をすれば、同額の還付を受けられると聞いたので、確定申告を行った。

扶養控除額の計算

扶養親族の種類	所得控除額	節税額
特定扶養親族（19歳から22歳）	１人63万円	所得控除額 × 税率（収入に応じて13%〜50%）
老人（70歳以上）	１人48万円	
同居老親（70歳以上で同居している自分や配偶者の親）	１人58万円	
23歳以上の普通の扶養親族	１人38万円	

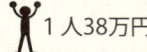

もしも扶養親族が妻と子どもひとりの年収500万円のサラリーマンが無所得の親（別居70歳以上）を扶養親族に加えたら

48万円×13%
（所得税＋住民税）

➡ 6万2400円の節税だぁ〜!!

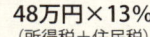

3 〝老親〟に協力してもらうに限る!!

年金暮らしの老人は、誰の扶養にもなっていないのに、無所得状態になっていることが多い。

前項では、身近に無所得者がいる場合、扶養に入れれば節税になるということを述べたが、この項では特に年金暮らしの老親等のことを述べよう。

年金暮らしの場合、実は多くの人が無所得の状態になっている。それも、自分が気づかないうちにである。

というのも、公的年金というのは、控除額が非常に大きいからだ。65歳未満の人では、70万円までは無所得という状態になっている。そして、所得が38万円以下の人ならば、扶養に入れることができるので、実に年金収入108万円までの人は、扶養控除を受けられる。

また65歳以上の人ならば、120万円（平成16年までは140万円）までの年金収入は、所得がゼロとなるので、年金収入158万円までの人は、扶養に入れることができるのだ。

年金暮らしの親の年金収入をチェックする！

公的年金の所得と扶養

	所得が0になる公的年金収入	扶養に入れられる公的年金収入
65歳未満	70万円までは所得0	基礎控除38万円と合わせて108万円までは扶養に入れられる
65歳以上	120万円までは所得0 ※平成16年までは140万円。	基礎控除38万円と合わせて158万円までは扶養に入れられる

扶養控除に入れることが可能な人

血族	6親等まで
姻族	3親等まで

※親子関係を１親等とし、兄弟は２親等になる。

知らないばかりに不要な税金を払っている

しかも、これはひとりあたりの年金収入であり、夫婦合計の年金収入ではない。だから夫婦で300万円以上の年金収入があっても、子どもの扶養に入れることができるのだ。国民年金を満額もらっても84万円なので、老夫婦のうちのどちらかは、大抵の場合、無所得状態になっているはずなのだ。

また、扶養に入れることができる老人というのは、自分の親に限ったことではない。扶養控除に入れることができるのは、6親等以内の血族、または3親等以内の姻族なので、叔父、叔母なども、場合によっては扶養に入れることができる。

さらに、扶養する老人が、70歳以上であれば、別居で48万円、同居していれば58万円もの、扶養控除が受けられるのである。

もし、両親を扶養に入れた場合、最低税率の人でも、所得税、住民税を含めて10万円以上は節税となる。両親が70歳を超えていれば、最低でも12、13万円の節税になるはずだ。

年金暮らしの親を扶養に入れて15万円の節税

Ａ氏は、年収６００万円のサラリーマン。結婚して子どもがひとりいるが、妻はＯＬとして働いており、配偶者控除は受けていない。父はすでに亡くなっているが、70歳の母親は健在で、年金暮らし。年金はあまり多くないので、ときどき、お金を援助してやっていた。

あるとき、友人から、年金暮らしの親を扶養に入れているという話を聞いた。それだけで10万円以上も税金が違うという。その友人は、両親の生活の面倒を一切見ているわけではないが、若干の援助はしているという。

Ａ氏は、妻が配偶者控除を受けていないので、税金は高い。母親の年金収入を聞いてみたら、年間１５０万円程度だった。年間１５８万円までは扶養に入れられるので、自分の扶養に入れることにした。

Ａ氏は所得税率が20％だったので、住民税と合わせると、母親ひとりを扶養に入れただけで、なんと15万円近くの節税となったのだ。

4 家族の払った社会保険料を控除しよう

社会保険料は、自分の加入分だけではなく、家族が加入しているものも所得控除の対象となる。

所得控除の中で、扶養控除の次に割のいいものは、社会保険料控除だといえる。社会保険料控除とは、健康保険や公的年金などの社会保険料を、所得から全額控除できるというものだ。

生命保険料控除などは、支払額のだいたい1/2しか控除できず、上限は5万円ということを考えれば、社会保険料控除の有利さがわかるだろう。

この控除を上手に使うことが、節税の大きなポイントとなる。社会保険料は、人によって決まっているのだから、増やしようがないと思っている人も多いだろう。しかし、必ずしもそうではない。所得控除の対象となる社会保険料は、自分が加入している分だけではない。家族が、別に社会保険に加入していれば、それも控除できる。

もちろん、前項で紹介した年金暮らしや無収入の親を扶養家族としている場合、親にかかってくる社会保険料も控除の対象にできる。

親に限らず、扶養に入れている子ども、兄弟などの社会保険料も控除できる。フリーターやパラサイト族も、原則として自分で国民年金に入らなければならないが、このとき払った年金保険料も、親の所得から控除できるのだ。

家族全体の節税になる社会保険料負担

家族全部の社会保険料を、家族の中でもっとも収入の多い人が全額払ったことにすれば、家族全体の節税にもなる。

たとえば、フリーターの息子が、自分の給料から国民健康保険料を払っている場合、息子自身が社会保険料控除を受けても、節税にはならないことが多い。しかし、国民健康保険料をサラリーマンの父親が払ったことにすれば、父親の税金が安くなり、家族全体の節税にもなる。

社会保険料は、新設や値上げが続いて、家計に悪い影響ばかりを与えているようだが、節税として非常に役に立つものだ。

両親の社会保険料を自分が払って節税

A氏は、年収４００万円のサラリーマン。まだ結婚しておらず、親元から会社に通っている。

父親は去年、定年退職をし、現在は無職の状態。雇用保険と、アルバイト程度の仕事をしながら生活している。A氏は、家に給料から若干の金を入れている。あるとき、両親の社会保険料が、年間40万円程度であることを知らされる。

A氏は、自分が家に入れている金の一部で、両親の社会保険料を払ってやることにした。どうせ家に入れる金なのだから、食費に使おうが、社会保険料に使おうが同じことである。厳密な区分はできないのだ。そして、社会保険料にすれば、なにより、自分の所得から控除できるために税金が安くなるのだ。

両親の社会保険料40万円を、自分の所得から控除したので、所得税、住民税合わせて6万円近くの節税となった。

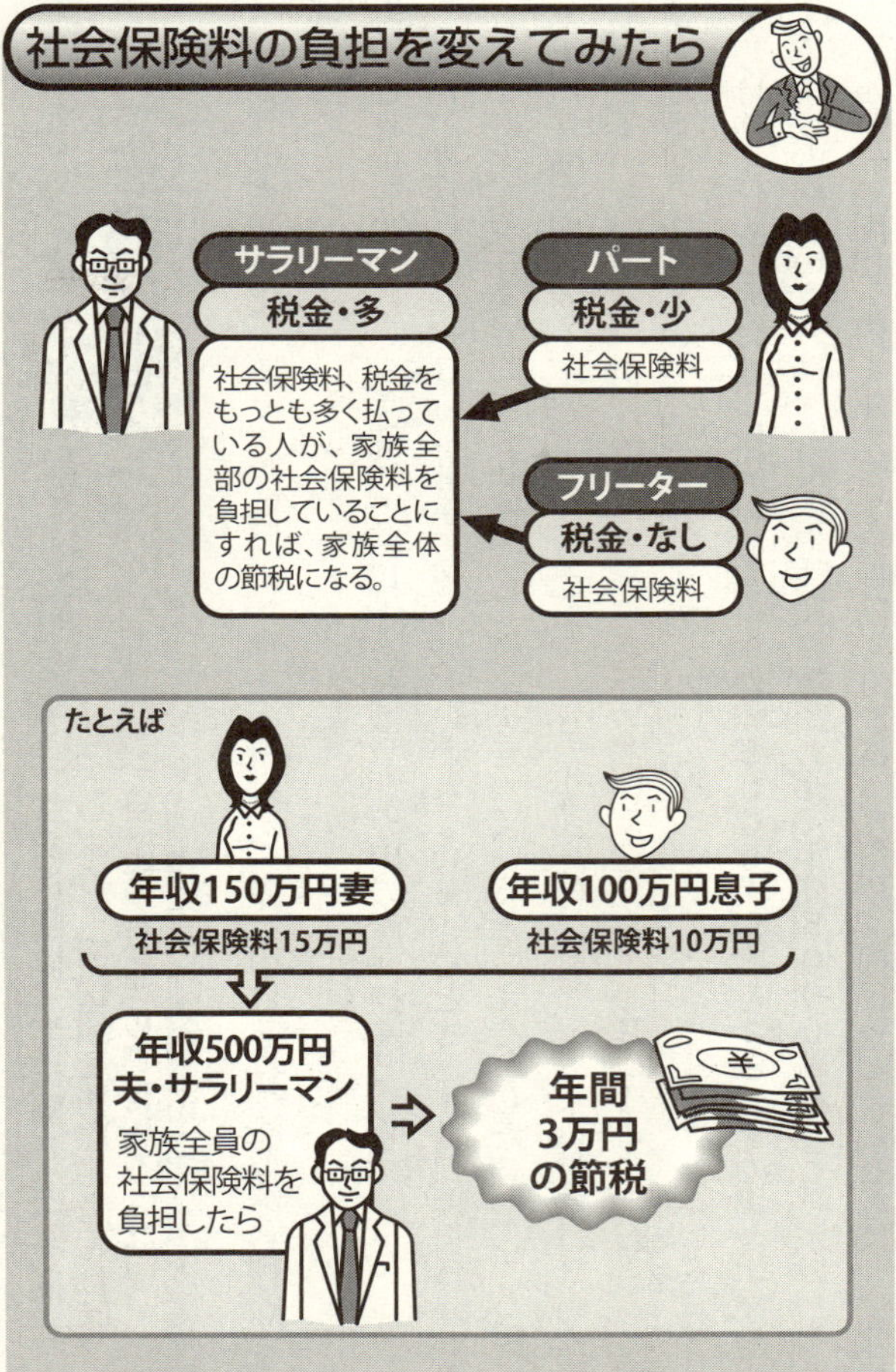
社会保険料の負担を変えてみたら
サラリーマン
税金・多
社会保険料、税金をもっとも多く払っている人が、家族全部の社会保険料を負担していることにすれば、家族全体の節税になる。
パート
税金・少
社会保険料
フリーター
税金・なし
社会保険料
たとえば
年収150万円妻
社会保険料15万円
年収100万円息子
社会保険料10万円
年収500万円
夫・サラリーマン
家族全員の社会保険料を負担したら
年間
3万円
の節税

5 もっとも節税になる「生命保険」とは

生命保険は、節税額も含めて検討しよう。節税額を利息と考えれば、掛け捨てが決して有利ではない。

生命保険を掛けていると、保険料の一部を、所得から差し引ける「生命保険料控除」を受けることができる。

現在、生命保険料の支払いが年間10万円以上あれば、5万円の所得控除となる。

生命保険の選び方は非常に難しいといわれている。もともと生命保険自体がわかりにくい上、現在業界的にも制度的にも岐路に立っているといえるからだ。

生命保険を取り巻く不安定な状況の中、「今の生命保険は貯蓄としての機能はほとんど果たしていないので、掛け捨てにするべきだ」という意見をよく耳にする。それもある部分正論だが、税金まで考慮した場合そうとはいえない。

掛け捨て保険にすれば、保険料は安いもので5000円程度となる。その場合、節約できる税金の額というのは、所得税や住民税と合わせて年間5000円程度だ。

しかし、年間10万円を超える生命保険であれば、所得税、住民税と合わせれば、控除税額は年間1万円近くになる。つまり5000円の掛け捨て保険に、プラス4000円程度貯蓄部分を加えれば、税金が年間5000円くらい安くなるのだ。節税分を利率と考えれば、生命保険の貯蓄部分はかなりの高利率となる。生命保険料控除は、廃止の可能性もあり、今後の動向を見守る必要はあるが、現在の生命保険をすぐに解約して、掛け捨て保険にしてしまうのは、早計だといえるだろう。「生命保険料控除が廃止されてから、掛け捨てに切り替える」としても遅くはない。

生命保険料が年間10万円程度になるときが、もっとも節税率がよくなる

また、生命保険料控除をもっとも有利にする生命保険料は、年間10万円だ。10万円であれば、所得控除額は最高額の5万円となる（税率10％の人で6000円程度、税率20％の人で1万3000円程度の節税）。生命保険料がそれ以上かかっても、控除額は増えない。だから、これから生命保険を掛ける新社会人などは、年間10万円をメドに考えればいいだろう。

年間10万円くらいの生命保険なら掛け捨てより有利

A氏は、会社に入って、10年目のサラリーマンで独身。毎月1万円程度の生命保険に入っていたが、友人から生命保険は掛け捨てにした方がいいとすすめられた。その友人の話によると、生命保険の貯蓄部分は、利率が低いので不要だ。生命保険は最低限の保障さえあれば、十分なのだというわけである。

そこで、今の自分の生命保険を設計してくれた保険の外交員に、解約したいということを伝えた。外交員は、こう答えた。

「掛け捨てがいいというのなら、それもいいでしょう。生命保険の貯蓄部分の利率は、預貯金と比べても、有利だとはいえませんから。でも、もし今の生命保険を解約して、月5000円の掛け捨ての保険に入ったなら、税金が年2、3000円増えます。もしこの2、3000円を生命保険の利息と考えるなら、今の生命保険は決して悪くないはずですよ」と。

生命保険料控除・個人年金保険料控除の計算

支払保険料	所得控除額	節税額
2万5000円以下	支払保険料の全額	所得控除額×税率（収入に応じて13%～50%）
2万5000円超5万円以下	支払保険料×$\frac{1}{2}$＋1万2500円	
5万円超10万円以下	支払保険料×$\frac{1}{4}$＋2万5000円	
10万円超	いくら保険料を支払っても一律5万円	

6 個人年金控除の有利さは圧倒的だ

あまり知られていない個人年金控除。これを上手に使えば、財テクをしながら節税にもなる。

個人年金控除というのは、民間の個人年金を掛けている場合、年金保険料を所得から控除できるものだ。この個人年金控除も、意外と知られていない。

年金の支払額が10万円以上ならば、所得税で5万円、住民税で3万5000円の所得控除が受けられ、最低税率の人でも1万円近くの節税になる。つまり、年間10万円程度の個人年金に加入していれば、年金自体の利息とは別に10％近くの利息がつくのと同じことなのだ。

昨今の低金利時代では、安全な年利10％の金融商品などは皆無である。節税額を利息と考えた場合、個人年金は、圧倒的に有利だといえるのだ。

節税分を利息と考えれば、個人年金は有利

老後のために貯蓄をしたり、金融商品を買ったりしている人も多いようだが、投資家のような巨額の資金運用をする人は別として、毎月コツコツと貯めようと思っている人ならば、個人年金が断然得だといえる。

給料が高く、税率も高い人は、所得控除額は同じでも、安くなる税金は2倍、３倍となるのでその分うまみは増える。

たとえば、税率30％の人（サラリーマンでおおむね年収１３００万円以上）が、年間10万円の個人年金に加入していれば、約４万円の節税となる。

ただ年間の年金控除には上限があり、支払いが10万円を超えると、所得控除額は一律（所得税５万円、住民税３万５０００円）となる。だから毎月何万円も払う高額年金加入者には、うまみは減ってくる。ポイントは、個人年金保険を年間10万円掛けた場合が、もっとも節税率が高いということだ。

また一時払いの個人年金などは、商品によっては所得控除の対象外のものもあるので、個人年金加入の際には、必ず所得控除の対象となる商品かどうかを確認する必要がある。

年間10万円程度の個人年金は、超高利率

A氏は、入社15年目のサラリーマン。年収は６００万円弱。結婚はしていない。巷にあふれる「今の若い人は年金をもらえない」という噂に、不安を持っている。それで、年金や金融商品に詳しい先輩に聞いてみると、利率のいい金融商品には、それなりのリスクがあるので、知識を持ってない人がそういうものに掛けるのは、危ないという。しかし、単なる預金であれば、利子は微々たるもの。そこで、個人年金を毎年10万円から20万円掛ければ、税金が１万円以上控除されるので、節税分を利子と考えれば、それがもっとも割のいい財テクだと教えられる。

A氏にとっても、毎月１、２万円程度ならば、無理なく払える額なので、A氏は毎月１万円ちょっとの個人年金に加入した。

A氏は扶養者がおらず、税率が高かったので、税金は、所得税、住民税合わせて、約１万５０００円安くなった。

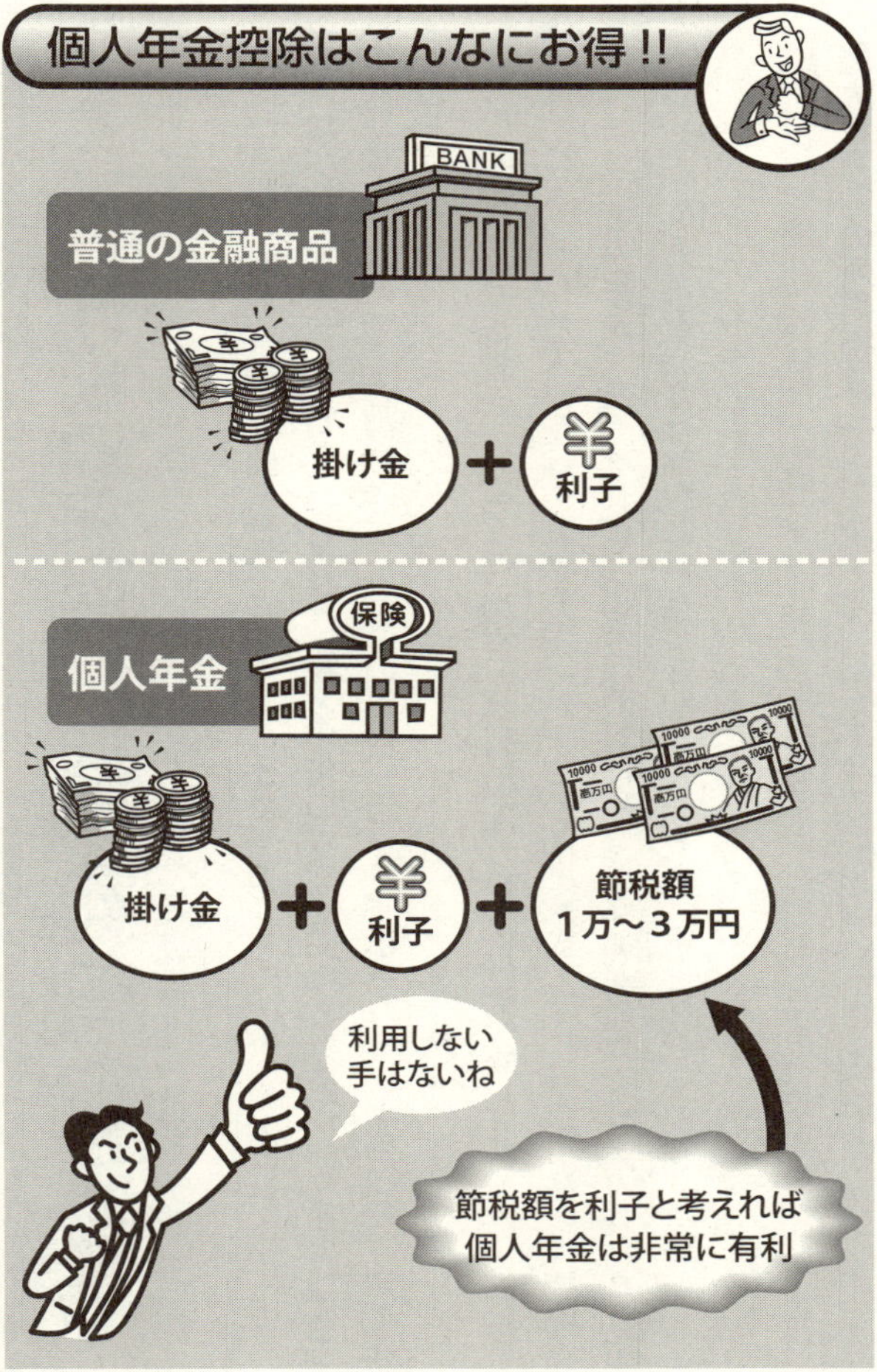
個人年金控除はこんなにお得!!
BANK
普通の金融商品
掛け金
利子
保険
個人年金
掛け金
利子
節税額
１万〜３万円
利用しない
手はないね
節税額を利子と考えれば
個人年金は非常に有利

7 あなたは地震保険料控除を知っているか？

２００７年、新しく地震保険料控除というものができた。

これは、地震保険に加入している人は、税金申告の控除を受けられるというものである。日本は地震大国なので、この控除ができたのだが、あまり宣伝されていないので、知らない人も多いようだ。

地震保険料控除が新設されたとき、損害保険料控除という控除が廃止された。これは、損害保険に入っている人が受けられるものだが、この制度を知らずに該当者なのに控除を受けていない人が多かった。それは、損害保険料控除は控除額が最大でも1万５０００円だったので、それほど大きな節税にはならなかったからだ。

最大5万円の所得控除

しかし、地震保険料控除は無視するのは、もったいない。地震保険料が5万円以下の場合は全額が、5万円以上の場合は5万円が所得控除される。生命保険と同じくらいの節税効果があるので、使わない手はない。

地震保険には、地震だけの単独商品はないので、火災保険の中に付帯した保険項目のひとつということになる。

家やマンションを買ったときに、地震保険のついた火災保険に加入していたという人は要注意である。地震保険は、2007年に始まった制度なので、家を買ったときには控除は受けられなかったケースも多いはずだ。そういう場合は、この控除に気づかずにいるかもしれない。

ぜひ自分の家が入っている火災保険を、もう一度チェックしておきたい。保険証書を見てもわからない場合は、「地震保険料控除」に該当するかどうか保険会社に聞いてみるとよい。

地震保険料の控除は、保険会社から送られてくる支払証明書を会社に提出すれば、手続きは全部会社がやってくれる。

8 シロアリ退治も対象となる「雑損控除」

台風や地震で被害が出たときに控除が受けられる雑損控除。該当者は忘れずに利用しよう。

雑損控除というのは、災害や犯罪の被害にあったときに、その被害額について、所得から控除できるというものだ。

災害や盗難などで、5万円以上の被害にあった場合に、雑損控除は受けられる。災害や盗難などの被害額から5万円を引いた額を、所得から引くことができるのだ。台風や地震で被害が出た場合は、必ず利用した方がいい。

雑損控除は、財布をスラれたような場合も適用になる。昨今では盗難などにあう人も多いようだが、この雑損控除はあまり使われていない。

たとえば、10万円のお金が入った財布をスラれた場合、年収600万円程度の人ならば、1万円程度の税金還付になる。

また、大雨や台風で家や車などの修理をしたり、盗難にあった場合は、ぜひ忘れずに申告するべきだろう。

ただし盗難の場合は、生活関連の資産の被害に限られ、骨董品、貴金属などは対象とはならない。

災害の場合は「り災証明書」、盗難の場合は、「被害届出証明書」が必要となる。それぞれ、消防署、警察署に届ければ発行してくれる。

シロアリ退治や、豪雪地の雪下ろし費用も、控除対象

また、雑損控除では、盗難、災害のほかにも、意外なものが対象となる。

それは、シロアリ退治や豪雪地帯の雪下ろしの費用である。シロアリ退治をして5万円以上かかった人や、豪雪地帯で雪下ろしの費用が5万円以上かかった人は、5万円を超える部分が、所得から差し引ける。

確定申告には、かかった費用がわかるもの、たとえば領収書などを添付すればいいだけである。マイホームを持っている人などは、シロアリ退治をしている人も多いはずだ。また豪雪地帯では、毎年、雪下ろしの費用がかなりかかっているはずである。しかし、この控除もあまり使われていない。

シロアリ退治をして税金還付!

A氏は、サラリーマン生活18年目で、年収７００万円程度。妻があり、子どもがふたりいる。

一昨年、念願のマイホームを建てたが、家のある近辺は、シロアリが多いところだった。そして今年、A氏の家にもシロアリが出てきたために、業者を呼んで徹底的に駆除してもらった。その費用は20万円かかった。

翌年、会社の同僚から、シロアリを駆除してかかった費用は、自分の所得から控除され、税金が還付になるという話を聞いた。A氏は半信半疑で税務署に聞いてみると、シロアリ退治でかかった費用が5万円以上ならば、税金が還付されるとのことだった。そして、去年の分も確定申告をすれば、税金は戻ってくるとのことだった。

A氏は税務署に行き、シロアリ退治の金額を控除して、申告をやり直した。20万円から5万円を引いた15万円が控除となり、税金が3万円程度戻ってきた。

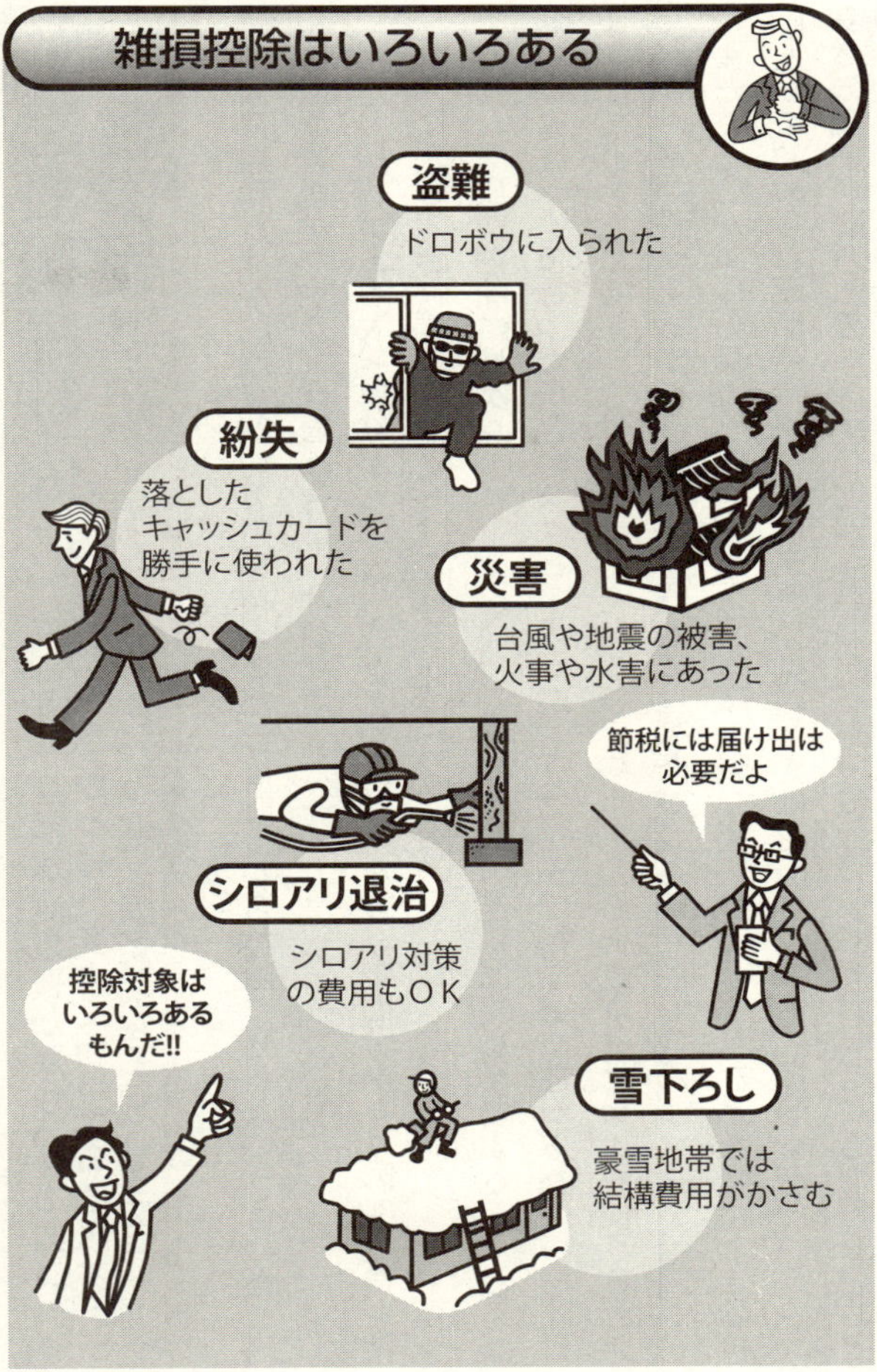
雑損控除はいろいろある
盗難
ドロボウに入られた
紛失
落とした
キャッシュカードを
勝手に使われた
災害
台風や地震の被害、
火事や水害にあった
節税には届け出は
必要だよ
シロアリ退治
シロアリ対策
の費用もＯＫ
控除対象は
いろいろある
もんだ!!
雪下ろし
豪雪地帯では
結構費用がかさむ

9 医療費控除の賢い受け方

高額な医療費がかかったときや、薬や鍼灸《しんきゅう》をよく利用する健康オタクは、医療費控除を忘れずに。

医療費控除とは、医療費が10万円を超えた部分は所得から控除できるというものだ。高額な医療費がかかったような場合は、ぜひ利用したい。

また、持病がある人、病気がちの人、薬をよく飲む人など、年間でかなりの医療費を使うような人も、忘れずに利用するべきだろう。

ただし医療費控除にはグレーゾーンがけっこうあり、申告には注意を要する。たとえば、病院にタクシーで行った場合のタクシー代だが、タクシーで行く必然性があれば、控除対象として認められるが、なければ認められない。病気をしたときはタクシーを使うことが多いが、必然性があるかどうかは、客観的には判断がつきにくいものだ。

また、どこか身体の具合が悪いときに、按摩や鍼《はり》、指圧マッサージなどをしたときは控除として認められるが、特別に身体が悪くないときは認められない。按摩や鍼というのは、身体の調子が悪いときに施すことが多いはずだが、見方によっては「どこも悪くない」という場合もある。これも客観的には、なかなか判断がつきにくい。

医療費控除のグレーゾーンの場合、納税相談には行かずに自分で申告書を作ろう

だから医療費として領収書を取っておいても、申告相談のときに税務署員からはねられるケースも多いのだ。

しかし、医療費控除のグレーゾーンを税務署員からほとんどはねられない方法がある。それは、自分で申告書を作って、自分で申告するということだ。

税務署の確定申告会場で税務署員の指導を仰いだ場合は、グレーゾーンはほとんどアウトになるが、自分で申告書を作って提出した場合は、よほどのことがない限り、グレーゾーンはほぼ認められるのだ。

サラリーマンの還付申告書の作成は、税務署で配布している「申告書の書き方」を見れば、まず作れる。もし、不明点があれば、そこだけ税務署に聞けばいいのだ。

鍼灸《しんきゅう》も、自分で申告すれば医療費控除はＯＫ！

A氏は、サラリーマンで年収は６００万円程度。所得税の税率は20％である。鍼灸などによく行くし、薬もよく飲むといった健康オタクである。年間の医療費は、だいたい20万円くらいかかる。

A氏は去年、医療費の還付のため、確定申告の納税相談に行った。そのとき、税務署員から鍼灸の費用について「どこか具合が悪いのですか」と聞かれた際、「特別に悪いところはない」といってしまった。その結果、鍼灸の費用は全部はねられ、医療費は12万円とされ、還付金は４０００円となった。

A氏は、自分で申告をすれば、よほどおかしなものがない限り、医療費がはねられるケースはあまりないと聞かされ、今年は税務署の申告相談には行かずに、自分で申告書を作成した。医療費はグレーゾーンも含めた20万円で申告した。

A氏の医療費はそのまま認められ、還付金は2万円となった。

医療費控除対象をしっかり把握

医療費控除のグレーゾーンの例	
重い病状のときの病院までのタクシー代	○
軽い病状のときの病院までのタクシー代	×
風邪など病気になったとき薬局で買った薬	○
風邪予防などのために薬局で買った薬	×
身体を痛めたときの鍼灸、整体の治療費	○
体調がすぐれないときの鍼灸、整体の治療費	×
ねんざ、打撲などのための医薬品	○
肩コリなどのための医薬品	×
医者から必要と認められたサプリメントなど	○
健康のために買ったサプリメントなど	×

10 かかった医療費10万円未満でも医療費控除

所得が200万円未満の人ならば、医療費が10万円未満でも医療費控除を受けられる。

前項で紹介したように、医療費控除というのは、その年にかかった医療費を所得から控除できるという制度だ。

この医療費控除は、おおむね医療費が「10万円以上」かからないと受けられないということが通説になっている。

しかし税法上、医療費控除は、医療費が「10万円以上」か「所得の5％以上」かかった場合に可能となるのだ。つまり医療費が10万円未満でも、所得の5％以上医療費がかかっていれば、控除の対象となる。この場合の「所得」というのは、サラリーマンならば給与所得控除後の金額となる。

だいたい年収250万円前後のサラリーマンの所得の5％が10万円となる。サラリーマンの多くは年収250万円以上なので、「医療費控除は10万円以上かかった場合に受けられる」と考えられている。

しかし、夫婦共働きなどで、妻（もしくは夫）の収入が200万円未満ならば、妻の方から家庭の医療費を払ったことにすれば、医療費が10万円未満でも控除を受けられる可能性がある。だから毎年、夫婦で医療費と収入をチェックするべきだ。

医療費は、誰が払ったことにしてもいい

夫婦共働きなどの場合、「どちらの収入から医療費を支払ったか」ということは、納税者側が主体的に決めることができる。収入の多い方から支払ったことにしなければならない、ということはないのだ。つまり、妻（もしくは収入の低い方）が、家庭の医療費を全部負担したということにしても問題はない。

また、医療費が10万円を超えている場合でも、夫婦のうち、給与収入が200万円以下の人がいるならば、収入が低い方が医療費を払ったことにすれば、控除額は大きくなる場合が多い。

ただし、夫婦のどちらかの所得税率が20％以上ならば、税率が高い方の控除とした方が、節税効果は上がる。

夫の医療費が10万円未満でも控除が受けられる

夫婦共にサラリーマンのＡ夫妻。夫は年収６００万円、妻は派遣社員で年収２００万円。

夫に持病があるため、毎年だいたい医療費が10万円近くかかる。しかし医療費が10万円には満たないので、医療費控除は使えないと思っていた。

しかし、所得の５％以上医療費がかかれば、医療費控除が使えることと、夫婦の医療費は、夫婦のどちらが払ったことにしてもいいということを知った。

妻の所得は１２０万円程度だったので、所得の５％は６万円である。これならば妻が夫婦の医療費を払っていることにすれば、医療費控除が受けられるのだ。

かかった医療費は10万円なので、10万円－６万円で、４万円の所得控除を受けられた。

結果、所得税、住民税を合わせて５２００円の税額還付となった。

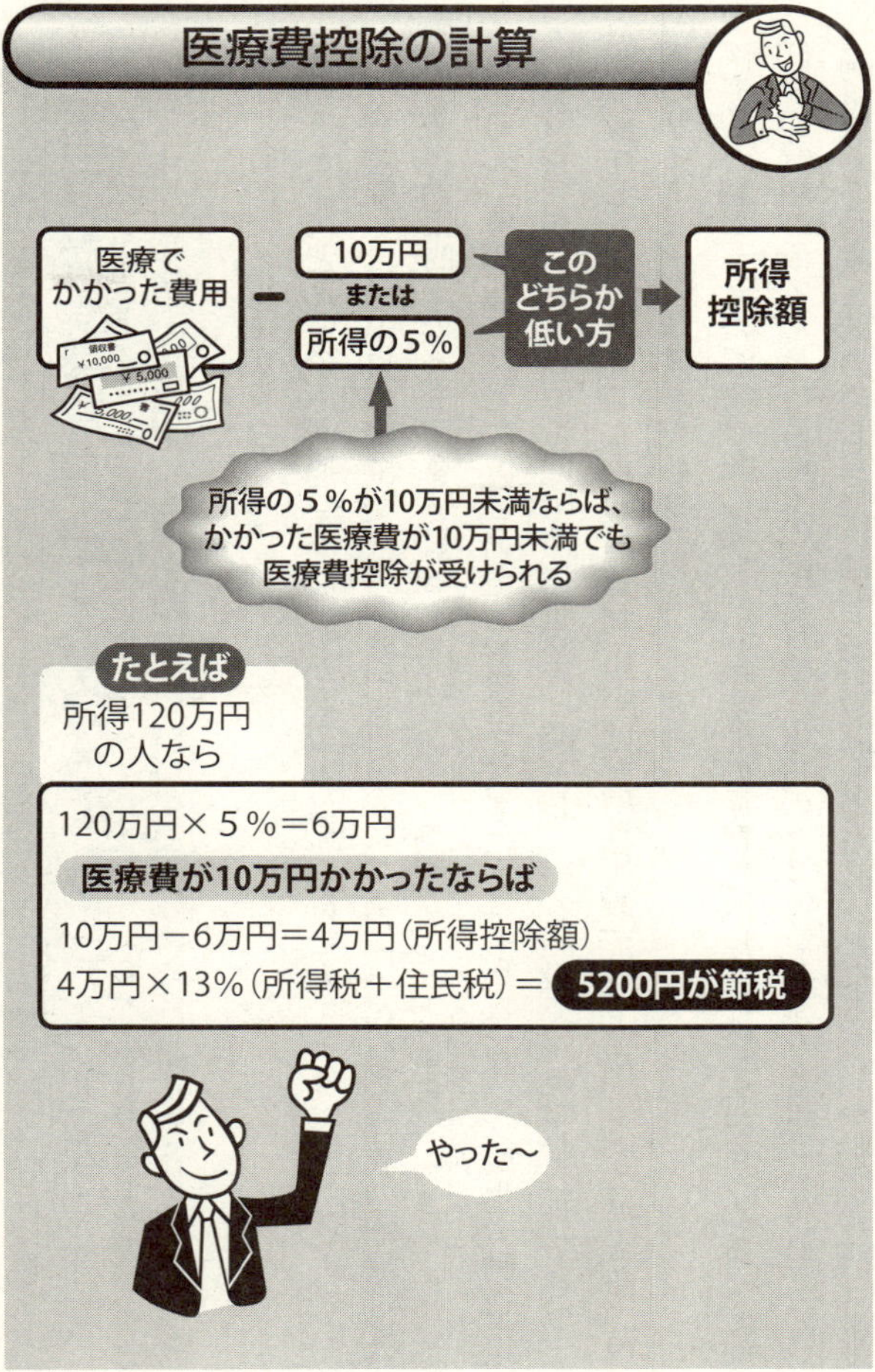
医療費控除の計算
医療でかかった費用
－
10万円
または
所得の5％
このどちらか低い方
所得控除額
所得の５％が10万円未満ならば、かかった医療費が10万円未満でも医療費控除が受けられる
たとえば
所得120万円の人なら
120万円×５％＝6万円
医療費が10万円かかったならば
10万円－6万円＝4万円（所得控除額）
4万円×13％（所得税＋住民税）＝5200円が節税
やった～

11 温泉療養で税金を安くする

「温泉に行ったら税金が安くなる」

というと、ほとんどの人が信じない。しかしこれは本当のことである。

医療費控除では、温泉療養でかかった費用も対象となるのだ。病気や怪我の治療には、温泉療養が効果的なこともあるからだ。

もちろん、温泉療養ならどんなものでも対象となるということではない。厚生労働省（以下、厚労省）が「温泉利用型健康増進施設」と認定している施設で、おおむね月7日以上、温泉療養をしなければならない。「温泉利用型健康増進施設」は、全国で25カ所ある。厚労省のサイトにそのリストがある。

医療費と認められた温泉療養の場合、温泉までの旅費も医療費控除の対象となる（必要最低限の費用のみであり、旅館での飲食費や、電車のグリーン料金などは認められない）。

温泉療養を治療と認めてもらうには、医者の証明書が必要となる。しかし医者は、自分の腹が痛むわけではないので、必要だと伝えれば簡単に証明書を出してくれる。温泉に行く場合、かかりつけの医者に頼んで、証明書を出してもらうのも一考である。

スポーツ施設利用料も医療費控除の対象となる

温泉療養費用と同じように、スポーツ施設の利用料も医療費控除の対象となる場合がある。今はやりのメタボリック症候群や生活習慣病の多くは、運動不足が要因のひとつといわれており、運動することは、治療の一環でもあるからだ。

もちろん、スポーツ施設を使えばどんなものでも対象となるということではない。温泉療養と同様に、医者が病気等の治療になると認めた場合である。そして、厚労省の認定した「運動型健康増進施設」で、行わなければならない。「運動型健康増進施設」は全国で339カ所ある。これも厚労省のサイトにリストがある。

スポーツ療法が認められた場合、施設利用費だけではなく交通費も医療費控除の対象になる。

12

母子、父子家庭のための寡婦、寡夫控除

離婚や死別で、伴侶がいなくなった人たちのための所得控除。特に父子家庭では忘れがち。

寡婦《かふ》控除というのは、夫と死別したり、離婚した女性が受けられる控除である。夫と死別した女性の場合は、年収500万円以下か、扶養している親族、子ども（年収38万円以下）などがいるときに受けられ、控除の額は27万円だ。離婚した女性の場合は、年収（合計所得金額）500万円以下で、夫と死別した女性の年収条件をのぞいて、あとはすべて同条件になる。

また寡夫《かふ》控除というのは、妻と死別か離婚している男性が受けられる控除だ。年収が500万円以下で、年収38万円以下の子どもがいる場合に限り受けられる。これも寡婦控除と同額の控除が受けられる。寡婦控除よりも、寡夫控除の方が条件は若干厳しくなっている。27万円の控除を受けると、もっとも税率の低い人でも、所得税、住民税含めて3万円以上の節税となる。

最近では、母子、父子家庭などが増えているが、この控除を受けられる条件を持っているにもかかわらず、受けていない母子、父子家庭も多いようだ。

子どものいる高収入の共働き夫婦は、離婚が有利

子どものいる共働き夫婦で、妻の収入が多くて配偶者控除を受けられないような場合は、離婚した方が税制上は有利になる。妻が子どもを引き取ったことにすれば、寡婦控除が受けられるからである。

また片親になれば、保育料なども格安になり、母子、父子家庭への行政援助なども受けられる。

フランスなどでは、福祉サービスを受けるために、わざと結婚をしないカップルも多いという。日本でも、税制的優遇を受けるために離婚をする夫婦などが今後増えるかもしれない。

昨今は、結婚していても離婚同然の夫婦や、結婚していなくても夫婦同然のカップルも多いことから、偽装離婚かどうかを見分けることは難しい。明らかに節税目当てということがわかれば認められないが、よほど悪質でない限りほぼ認められるだろう。

父子家庭が受けられる寡夫控除

A氏は、3年前に妻と別れ、ひとり息子を引き取って育てている。年収は450万円程度。生活は苦しいというほどではないが、子どもの教育費などでお金がかかるようになり、決して楽ではなかった。

年末に、自分の源泉徴収票を見て、寡夫控除を受けていないことを知った。先妻は働いていたので、結婚しているときも配偶者控除は受けていなかった。だからA氏が離婚したことを、会社の経理担当者は知らなかったのだ。

A氏は、年が明けてから経理担当者にそのことを伝えると、年末調整はもう終わったので、確定申告をしてほしいとのことだった。そして、確定申告をすれば、過去の分の寡夫控除も受けられるという。

A氏は税務署の申告相談会場へ行って、離婚してからの3年分の確定申告をした。3年分合わせると、約8万円の税金が還付された。

寡婦とは

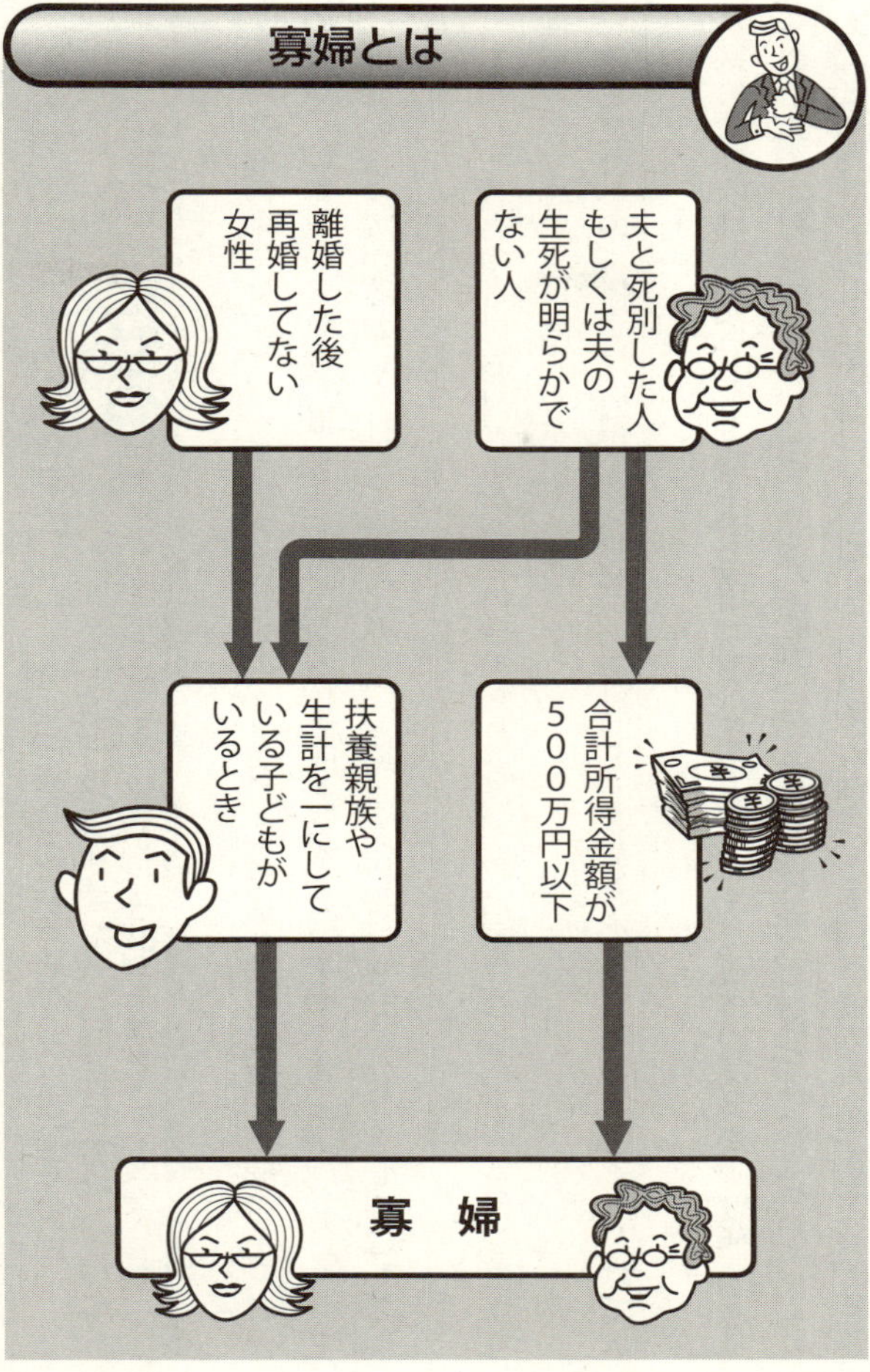
夫と死別した人もしくは夫の生死が明らかでない人
離婚した後再婚してない女性
合計所得金額が500万円以下
扶養親族や生計を一にしている子どもがいるとき
寡　婦

13 寄付したお金も節税になる

自分のお金を社会に役立てたい。慈善事業や公益団体に寄付したときも税金は安くなる。

所得控除の中には、寄付金控除というものがある。これは、一定の機関（63ページの表の6つ）に寄付をすれば、所得から寄付金が控除されるというものである。

自分の持っているお金を社会に役立てたい、慈善事業に寄付をしたい、もしくはしている、という人も多いだろう。そういう人にはぜひ活用して欲しい。

また政治家への寄付も対象となる。自分の知り合いが政治家になったとき寄付したような場合も、忘れずに利用したい。

政党以外への寄付金は所得控除なので、寄付したお金がそのままもどってくるわけではない。

寄付金控除は、「寄付した金額－1万円」で計算される。また所得の25％が限度額であり、これ以上の寄付はできない（寄付したとしても、寄付金控除の対象とはならない）。たとえば10万円を寄付した場合は、9万円が所得控除となり、1万円程度の税金がもどってくる。

母校への寄付を要請された

また、寄付金控除は学校への寄付も対象となる。同窓会などで、出身校への寄付を要求されて、断り切れずに寄付をしたような人もいるだろう。その場合は、忘れずに寄付金控除を受けよう。ただし、私立学校の入学時に払うような寄付金は、寄付金控除の対象外なので注意すること。

また、政治献金の場合は、税額控除を選択することもできる。これは、寄付金の額の30％を税金から直接引けるというものだ。所得税率が20％以下の人は、税額控除を受けた方が有利となる。

寄付金控除を受けるには、寄付をした機関からの受領書などがあればＯＫだ。その受領書を添付して確定申告する。

ただし、寄付金控除の対象となる団体というのは限られているので、寄付をするときには必ず確認しよう。公益法人でも、すべてが対象となるわけではない。ＮＰＯ法人の場合、寄付金控除の対象となるのは全体のごく一部である。

出身校への寄付も、寄付金控除の対象になる

A氏は、会社に入って20年目、年収６００万円のサラリーマン。

先日、久しぶりに田舎の出身高校から、同窓会の案内が送られてきた。

同窓会に行ってみると、母校が１００周年を迎えるので、記念行事をするとのことだった。

そして、卒業生からそのための寄付を募っていた。幹事役の親友が、しつこく勧誘するので断り切れずに、寄付をすることにした。年収６００万円というのは、A氏の同窓生の中では高給な方だったので、親友の口車に乗せられ10万円も出すことになってしまった。

親友によると、この10万円は、所得控除の対象となるので、確定申告をすれば、若干の税金が返ってくるとのことだった。A氏が半信半疑で税務署に行くと、確かに学校に寄付をすれば税金が戻ってくるという。

確定申告をすると、税金が２万円程度戻ってきた。

寄付金も忘れずに控除を受ける

政党に対する寄付金特別控除

（その年に支払った政党等に対する寄付金 − 1万円）× 30% ＝ 政党等寄付金特別控除額

⇩

源泉徴収された税金から直接差し引かれる

寄付金の対象となる団体など

1. 国や地方公共団体に対する寄付金
2. 学校法人、社会福祉法人などの特定団体に対する寄付金
3. 公益法人などに対するもので財務大臣の指定した寄付金
4. 主務大臣の認定を受けた日の翌日から５年を経過していない特定公益信託の信託財産とするために金銭でする寄付金
5. 特定非営利活動法人（ＮＰＯ法人）のうち国税庁長官の承認を受けたものに対する寄付金（平成13年10月１日以後に支出されたものから適用される）
6. 一定の政治献金

そういえば
毎年私の母校に
寄付していたなぁ

14 控除の王様「住宅ローン控除」

平均的サラリーマンならば、所得税が最長10年ゼロに近くなる、サラリーマン節税の決定版。

住宅ローン控除とは、ローンを組んで住宅を取得したときに、税金が戻ってくる制度だ。

住宅ローン控除を受けて、戻ってくる税額は、住宅ローン残高の1％である。ローン残高が2000万円とするならば、毎年20万円の所得税が返ってくることになる。中堅以下のサラリーマンでは、所得税自体が20万円前後なので、所得税はほとんど掛かってこないだろう。

お金を借りて、マイホームを持てば所得税はほとんど払わなくていいということだ。この控除を受けられる期間は、最長で10年間である。

マイホームを持てば、固定資産税という税金が掛かってくるが、その固定資産税は、この住宅ローン控除の還付金で賄《まかな》えるだろう。

税額控除は所得控除よりも節税額が大きい

住宅ローン控除は、医療費控除のような所得控除ではなく、支払うべき税金から直接引ける「税額控除」なので、節税額は非常に大きい。

たとえば医療費控除ならば、「所得控除」なので、20万円の控除を受けたとしても、実際に戻ってくる税金は、控除額に税率を掛けた2万円から5万円程度である。しかし、住宅ローン控除ならば、「税額控除」なので、20万円の控除を受ければ、20万円が丸々戻ってくる。サラリーマン税金対策の決定版だといえる。

この住宅ローン控除は、減税額が大きいことから、毎年のように削減、廃止が検討されてきた。しかし、昨今の不況対策として、平成20年に大幅に拡大され、平成25年までの延長が決定した。

サラリーマンの中には、まだまだこの住宅ローン控除の威力を知らない人が多いようだが、この減税額は本当に大きい。「減税のために家を買う」というのは、安易かもしれないが、家を購入したいと考えている人は、ぜひ大きな検討材料として頭に入れておきたい。

住宅ローン控除を受けて所得税20万円の節税

A氏は入社10年目のサラリーマン。年収は450万円程度。結婚2年目で、来年には初めての子どもが生まれる予定。

2DKの賃貸マンションに住んでおり、家賃は9万円。収入の4分の1を家賃に取られることに不満を持っていた。

あるとき、近所の中古マンションが2500万円で売り出されていることを知る。

A氏はどうせ家賃になるお金ならば、マンションを買って、自分の資産にした方がいいと思い、購入することを検討した。

A氏には、300万円ほどの預金があり、両親が200万円を出してくれるという。残りの2000万円でローンを組んで、中古マンションを買うことにした。

月々の支払いは、ほぼ家賃程度でおさまる。そして、住宅ローン控除を受ければ、今まで払っていた税金の20万円が戻ってくる。新たに掛かる固定資産税は、この還付金でまかなえる上、おつりがきた。

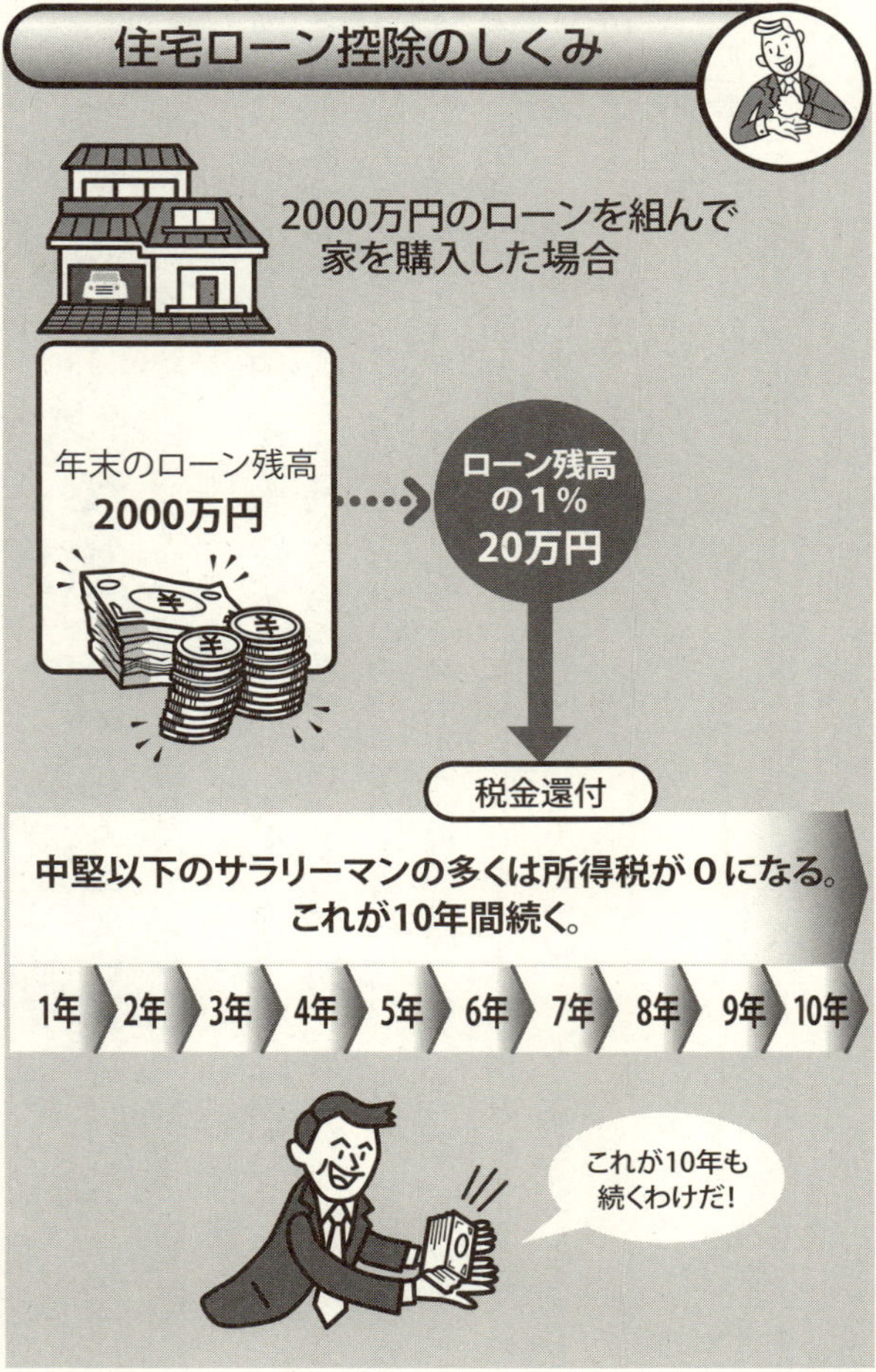
住宅ローン控除のしくみ
2000万円のローンを組んで
家を購入した場合
年末のローン残高
2000万円
ローン残高
の１％
20万円
税金還付
中堅以下のサラリーマンの多くは所得税が０になる。
これが10年間続く。
1年
2年
3年
4年
5年
6年
7年
8年
9年
10年
これが10年も
続くわけだ!

15 「住宅ローン控除」はこんなに使える！

前項で紹介した住宅ローン控除、それを少し細かく見て行きたい。

税額控除額が２０１０年以降、徐々に減っていくように設定されている。２０１０年に入居した場合、ローン残高５０００万円までＯＫなのに対し、２０１１年入居は４０００万円までとなっている。ローン残高の１％が税額控除額になるので、２０１０年入居では年間で最大50万円が控除されるのに対し、２０１１年は40万円ということになる。

住宅ローン控除というのは、景気対策の意味合いも大きいので、早く家を買った人の方が得をするというわけである。

各年の対象ローン残高などは、左記の通りである。

基本的な住宅ローン控除

＜2010年入居の場合＞

対象となる住宅ローン年末残高	5,000万円以下の部分
控除率	住宅ローン年末残高の１％
控除が受けられる期間	10年間
最大控除額	500万円

＜2011年入居の場合＞

対象となる住宅ローン年末残高	4,000万円以下の部分
控除率	住宅ローン年末残高の１％
控除が受けられる期間	10年間
最大控除額	400万円

＜2012年入居の場合＞

対象となる住宅ローン年末残高	3,000万円以下の部分
控除率	住宅ローン年末残高の１％
控除が受けられる期間	10年間
最大控除額	300万円

＜2013年入居の場合＞

対象となる住宅ローン年末残高	2,000万円以下の部分
控除率	住宅ローン年末残高の１％
控除が受けられる期間	10年間
最大控除額	200万円

住民税も控除できるようになった！

平成20年に改正された住宅ローン控除では、大幅に使い勝手がよくなった。その最たるものは、住民税にも波及できるようになったことだ。

これまでの住宅ローン控除では、控除額が大きいのはいいが、人によっては所得税をも上回ることがあり、せっかくの控除をみすみす捨ててしまうことも多々あった。

しかし、今回の改正では、所得税で控除し切れなかった分は、住民税でも控除できるようになった。ただし、所得税で控除し残した金額全部を住民税から控除できるわけではない。住民税から控除できる金額は、所得金額の100分の5までで、上限が9万7500円である。

「長期優良住宅」なら、さらにお得

また今回の改正では、耐震性や省エネに優れた「長期優良住宅」ではさらに有利な税額控除が受けられるようになった。

一定の要件を満たした「長期優良住宅」ならば、２０１０年から２０１１年までに入居した場合、控除率はローンの年末残高の1.2％である。普通は１％なので、２割増しということになる。年末残高は上限が５０００万円で、控除期間は10年間、最大控除額は６００万円になる。２０１２年以降の入居の場合は、普通の住宅よりも控除額が最大で１００万円程度大きく設定されている。住宅を購入する際には、ぜひ頭に入れておきたい。

16 高額マンションを賃貸にして税金を還付

住みたくはないけど、売るに売れない値の下がったマンションは、賃貸にすれば節税になる。

バブル期に買った高額マンションのローンが大きすぎて、マンションを手放してもローンは払い続けなくてはならない方も多いかと思われる。また、売ってしまうのは、ちょっと躊躇《ちゅうちょ》してしまうという人もいるだろう。

そういう人の場合、マンションを賃貸にするという方法もある。

賃貸にした場合、支払利息や減価償却費が経費にできるため、ほとんどの場合、赤字となる。特に、バブル期に買った高額のマンションとなれば、減価償却費が高くつくので、まず赤字になるといっていい。そして赤字となれば、給与所得からその分を差し引くことができるのだ。

赤字になるといっても、別に収入より支出が多くなるというわけではない。減価償却費というのは、マンションを購入した費用を、数十年に分けて費用として計上していくというものなので、実際にお金が出て行くわけではない。

たとえば、5000万円のマンションで毎月のローンが12万円、家賃収入が12万円あったとする。5000万円のマンションの場合、減価償却費が年間100万円以上ある。また、それに支払利息や損害保険料も経費にできるので、年間の経費は200万円以上にはなるだろう。年間の赤字額は50万円以上となり、最低税率の人でも所得税、住民税を含めると、10万円近くの税金が返ってくる。所得税率20％の人では、20万円近くの税金が還付される。

まずは、賃貸収入の多寡《たか》が第一

ただし、マンションを賃貸にする場合は、何より賃貸収入が第一の問題である。賃貸収入が、ローンを大きく下回るならば、いくら税金が戻ってくるといっても、得策ではない。まずは家賃収入がいくらくらいになるか、不動産業者などに相談してみるべきだろう。毎月のローンと同額程度の家賃収入が見込めるとしたら、税金の還付分は儲けが出ることになる。

マンションを賃貸にして税金還付

A氏は、会社に入って20年目の年収800万円のサラリーマン。バブル期に高いマンションを買ってしまい、その始末に悩んでいた。

A氏は実家に住むことになったため、そのマンションは必要ではなくなった。マンションを売ってもいいが、大赤字になるのは確実だし、ローンもまだ残っている。売れば、ローンだけを払い続けなくてはならない。

そこでA氏は、マンションを賃貸することにした。賃貸にすると、ローンの返済は、家賃収入でまかなえるようになった。仲介した不動産業者の話によると、税金も戻ってくるという。マンションなどの住宅の賃貸分は、減価償却費などに計上できるために、赤字になることが多い。A氏も収支の上では50万円以上の赤字になった。

この赤字分は、サラリーマンでの給料と差し引きできるため、確定申告をしたら10万円の税金が戻ってきた。

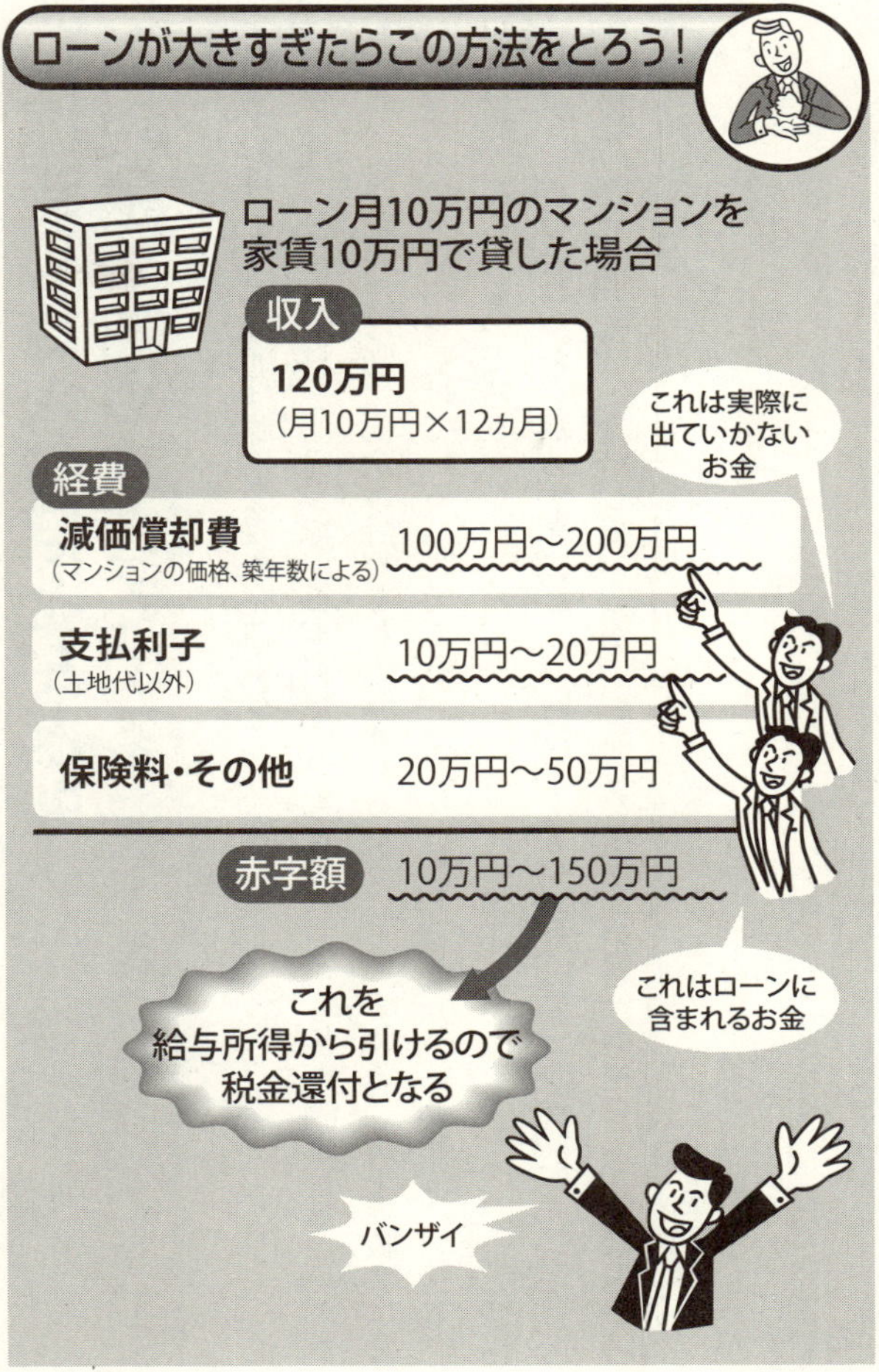
ローンが大きすぎたらこの方法をとろう！
ローン月10万円のマンションを
家賃10万円で貸した場合
収入
120万円
（月10万円×12ヵ月）
これは実際に
出ていかない
お金
経費
減価償却費
（マンションの価格、築年数による）
100万円～200万円
支払利子
（土地代以外）
10万円～20万円
保険料・その他
20万円～50万円
赤字額
10万円～150万円
これはローンに
含まれるお金
これを
給与所得から引けるので
税金還付となる
バンザイ

17 退職した人のほとんどは税金を納めすぎている

退職金の税金は、普通は源泉徴収で完結する。

退職金は、普通の給料とは違って、年末調整ができない。だから年末調整をしなくてもいいように、給料とは別に税金は計算され徴収されるようになっている。定年退職者は会社からそういう説明を受けているはずである。だから、よもや自分が税金を払いすぎているとは思ってもいないだろう。

しかし、退職者は税金を納めすぎになっているケースが非常に多いのだ。

退職金の税金は退職時に完結しているが、退職した年の「給料」の税金は、実は退職時には完結していないのだ。

再就職していない人の税金はほとんど払いすぎ

サラリーマンというのは、毎月の給料は源泉徴収されている。これは、確定した額を引いているのではなく、このくらいの収入の人は、だいたいこのくらいの税金になるだろうという見越しのもとに作られた税額表を基にして引かれているのだ。

しかし税額表に表示されている源泉徴収額というのは、実際の税額よりも多くなりがちだ。税額表では、税金の取りはぐれがないように少し多めに設定されているからだ。つまり、サラリーマンの毎月の源泉徴収額というのは、取りすぎている場合が多いのである。

普通のサラリーマンならば、この取られすぎている税金は、年末調整をすることによって清算される（年末調整で税金が戻ってくるのはこのためである）。

しかし、年の途中で退職した人は年末調整を受けていないので、税金を取られすぎのままになっているのだ。そして、再就職しなければ、取られすぎの税金はそのまま放置されてしまう。

退職してすぐに再就職して年末を迎える場合は、新しい勤務先が前の勤務先の分も含めて年末調整してくれるので、確定申告の必要はない。

しかし会社によっては、前の勤務先との清算は行っていないこともあるので、新しい勤務先に「前の会社も含めたところで年末調整をされていますか」と確認したい。これは源泉徴収票を見れば、自分でも確認できる。総収入の額が前の勤務先の分も含めてあれば、年末調整は完結していることになるからだ。

年末調整ではその人の収入の額などによって、税金が戻るのではなく逆に納めなければならなくなる人もいる。しかしこれは少数である。ほとんどの場合、年末調整では税金が戻ってくることになるのだ。

退職した年は、年収が1000万円を超えて配偶者特別控除などが受けられなくなる人もいるが、年度の途中でやめるため給与収入自体は大幅に減るので、大半の人は税金が戻ってくることになる。

退職した年に社会保険の前払いをしよう

先に社会保険料控除のことを述べたが、定年退職者は社会保険料控除を有効に使うことで、節税ができる。

社会保険料控除というのは、その年に払った社会保険料の全額を所得から控除できるというものである。

退職者は、会社をやめた後、自分で社会保険に入らなければならないが、その際に払った社会保険料も当然、控除の対象となる。そして国民健康保険などの場合、前払いできるものもあるが、前払いしてもその年に払い込んだものならばその年の控除とできるのだ。

定年退職して再就職しない場合、もしくはアルバイト程度の再就職しかしない場合、翌年の年収は大きく下がる。アルバイト程度ならば、税金がかかってこないケースも多い。しかし、社会保険料は払わなければならない。そして、社会保険料を払っても、税金がかかるほどの収入がなければ控除は受けられない。

しかし退職した年に、社会保険料の前払いをしておけば、税金を納めなくてはならない年に、大きな所得控除を受けることができるのだ。

だから退職した後、本格的な再就職をしていない人は、ぜひ社会保険料の前払いをしたい。

18 こうすれば簡単！確定申告

確定申告会場に行くのは、すべてのケースでいいとは限らない。税務署は賢く使おう。

確定申告をするなどということは、非常に難しいもののように思っているサラリーマンの方も多いだろう。

毎年2月16日から3月15日までは、確定申告の期間となっており、税務署では申告相談を行っている。ここでは、申告書の書き方なども指導して、作成まで面倒をみてくれる。

ただし、この申告相談は、すべての申告において有効というわけではない。住宅ローン控除、生命保険料控除、個人年金控除、雑損控除、中途で退社した人など、誰が見ても解釈違いがないような申告の場合は、申告相談を利用するべきだろう。しかし、扶養控除の追加や医療費控除、事業所得がある人などは、相談官に相談をすれば厳しい解釈をされるので、しない方がいい場合も多い。

だから、それらの申告をする人は、申告相談をせずに、自分で確定申告をした方がいいだろう。

確定申告というのは、そう難しいものではない。確定申告書には、サラリーマンの還付申告用の用紙があり、これは非常に簡易に作成できるようになっている。サラリーマンの大概の申告は、この用紙でできるようになっている。確定申告書には、申告書の書き方がついているので、これを読めばだいたいわかるはずである。また、わからない部分があった場合は、その部分だけを申告相談窓口か税務署で聞き、申告書自体は自分で作るべきだろう。

3月15日までに提出しなくてもいい

還付申告の場合は、申告書の提出は3月15日以降でもいい。申告の相談をしたいと思っている場合も、なにも混雑した確定申告時期に行かなくてもいい。税務署では申告の相談は年中受け付けている。

還付申告は、過去5年分までさかのぼって申告できる。しかし、それ以前の分は還付されないので、還付があると気づいた人は早めに申告をしよう。

結婚や出産は12月、死ぬなら1月がいい

結婚や出産は人生の大きな行事であり、その時期に迷う人も多いだろう。

節税上でいうならば、結婚するのは12月がもっとも得である。というのは、配偶者控除は、結婚した年から受けることができる。だから12月31日に結婚したとしても、1年分の配偶者控除が受けられるのである。

また子どもを生むのも、12月がもっとも得である。扶養控除も子どもが生まれた年から受けることができるので、12月31日に生まれたとしても、1年分の扶養控除を受けることができるのだ（ただし平成22年度から15歳以下は控除廃止になった）。

税務関係者の間では、12月生まれの子どものことを親孝行、1月生まれの子どものことを親不孝などとよくいっている。年末に結婚して、年末に子どもを生む、これが節税上はベストだといえる。

ならば死ぬのはいつがいいかというと、それは1月である。これは誰かの扶養に入っている人の場合だが、1月に死んでも1年分の扶養控除を受けられるからだ。

税務署の申告相談は有効なのか!?

税務署の申告相談（確定申告時期）が有効なケース

・生命保険料控除（第１章５）
・個人年金控除（第１章６）
・雑損控除（第１章８）
・医療費控除でグレーゾーンがない場合（第１章９、10）
・寡婦寡夫控除（第１章12）
・寄付金控除（第１章13）
・住宅ローン控除（第１章14、15）
・年末調整をしていない場合（第１章17、第５章39）

税務署の申告相談（確定申告時期）は受けない方がいいケース

・扶養控除の追加（年金暮らしの両親など）（第１章３）
・家族の社会保険料を控除する場合（第１章４）
・医療費控除でグレーゾーンがある場合（第１章９）
・副業で、ＳＯＨＯなどの事業を行っている場合
（第４章34、第５章42）

税務署の税務相談室（１年中）を利用すると有効なケース

・親から2500万円まで援助してもらう場合（第３章27、28）
・税務署の申告相談が有効なケースすべて

COLUMN①

サラリーマンにも税務署の調査官はくる!!

サラリーマンには、税務署の調査なんて関係ない、と思っている人も多いだろう。

しかし、サラリーマンにも税務署はくることはある。P.154では、「サラリーマンには税務署の調査はこない」と述べているが、それは所得税での話である。相続税、贈与税に関しては、自営業者もサラリーマンも関係なく、税務署は接触してくるのだ。

サラリーマンは税務署になれていないので、税務署から電話がかかってきたというだけで、あわててしまうことが多い。しかし税務署から連絡があったというだけで、そうあわてる必要はない。税務署からの連絡が即、課税漏れや脱税ということではないのだ。

税務調査はそんなに恐れるものではない

また、もし税務調査が入ったとしても「税務調査＝脱税や課税漏れ」ということではない。調査というのは、税務署側がわからない部分があるからそれを調べるのだ。また、税務署にはノルマがあるので、一定の件数は必ず調査をしなければならない。だから、別に不審な点がまったくなくても調査をする場合もある。

相続税や贈与税の税務調査には、ほとんどの場合、事前に日程の打診がある。このときに打診された調査の日にちは、都合が悪ければ変更できる。強制調査以外の税務署の調査は、すべて任意調査なので、納税者の同意のもとに行われるという建前である。強制調査、いわゆるマルサの調査は、1億円以上の脱税が見込まれるケースなので、サラリーマンにはまず関係ないといえる。

また、税務署のいうことにすべて従わなければならないということではない。税務署のいうことがすべて正しいとは限らないのだ。税務署というのは、しょせん税金の取り立て屋なのだ。民間企業の営業マンと変わらない。もし税務署の調査で納得がいかない部分があれば、保留にしても構わないのだ。税理士等の意見を聞いて、納得がいってから修正申告をすればいい。

日本は申告納税制度の国である。よほど悪いことをしていない限り、税務署から強権的に税金を取られることはない。

第2章

給与所得者の給料のもらい方節税術

19 給料のもらい方を変えれば大幅節税

節税の余地がないと思われているサラリーマンの給料。でももらい方を変えれば、大幅な節税になる！

給与所得者にとって、もっとも不公平を感じるのは、源泉徴収という制度だろう。収入の全額を、税務当局に把握《はあく》されるのだから、税金のごまかしようがない。

源泉徴収制度というのは、もともとナチス時代のドイツで考え出されたものである。戦時中、日本政府も軍費に窮《きゅう》していたので、ナチスにならってこの制度を特別に導入した。そして戦争が終わっても、源泉徴収制度は残ってしまったのだ。

源泉徴収制度というのは、ナチスドイツが考え出しただけあって、残酷なほどに無駄がない。給料を支払うもの（会社）に、その給料の税金を徴収する義務を負わせるのだから、まず収入額（給料の額）をごまかす余地がないのだ。

そして源泉徴収を怠ると会社が罰せられるのだから、会社としては必ず取り立てる。税務当局にとって、もっとも大変な作業は、税金を取り立てることである。それを会社に代行させているのだから、当局にとっては万々歳な制度なのだ。

日本の会社は、自社の税金に関しては敏感だけれども、社員の税金に関してはまったく無頓着だ。

社員の節税は経営者にも得になる！

しかし、会社が社員の税金のことにほんの少し配慮すれば、サラリーマンは今よりずっと低い税金でやっていけるのだ。同じ額の給料でも、払い方次第で、社員の税金は全然違ってくる。その点に気づいていない経営者は多い。

社員の税金を安くするというのは、決して社員のためばかりではない。会社の経営にとっても、プラスになるのだ。同じ賃金でも社員の節税を行えば、社員の実質的賃金は上がる。

外資系企業は、社員の節税対策を上手に講じている場合が多い。

今後は日本の企業も、社員の節税を積極的に実施して、社員の取り分を多くしていくべきだろう。

会社を途中でやめたら必ず確定申告をしよう

会社を途中でやめた人は、確定申告をしなければならないということは、知っている人も多いだろう。

会社を途中でやめた人は、確定申告をした方が絶対いい。なぜかというと、ほとんどの場合、税金がもどってくるからだ。

というのは会社を途中でやめた人は、年末調整をしていないが、この年末調整では、ほとんどの人が税金が返ってくるからだ。なぜそうなっているのかというと、月々の源泉徴収というのは、実際に掛かってくる税金よりも多めに設定されているからだ。サラリーマンの源泉税というのは、1年間の所得に対して掛かってくる税金である。ところが、サラリーマンの収入はガラス張りだといえども、途中で給料が上がったり、残業手当が多かったり、少なかったりするので、1年間の正確な収入を事前にはじきだすことができない。そこで、あらかじめ多めに取っておいて後から還付する、という方法をとっているのだ。

社員の源泉税の節税は会社にとっても得!
人件費
○○会社
経営者が払い方を工夫すれば
社員の取り分
増加
源泉税
減少
社員の取り分を増やせば、同じ人件費でも給料アップと同じ効果!
やったね
○○会社
社員がうるおえば会社もうるおうよ!
外資系企業はどんどん取り入れてるよ!!

20 非課税手当は満額まで使うべし

給料の中には、税金が掛かる課税手当と、税金の掛からない非課税手当があることを知っておこう。

前項では、給与所得者の給料のもらい方次第では、節税ができることをお話ししたが、それは具体的にどういうことかを説明しよう。

会社から社員に賃金として支払われる手当の中には、源泉税の課税対象となる「課税手当」と、課税の対象とならない「非課税手当」というものがある。つまり、同じ給料をもらうなら、「課税手当」ではなく、「非課税手当」としてもらう額を増やせば、節税になるということだ。

「課税手当」というのは、基本手当、残業手当など、普通に仕事をしてもらう賃金のことである。

「非課税手当」とは、会社が負担すべき業務上の経費に関係するものや、福利厚生に関係する一定のものだ。これは、けっこう広範囲に認められている。たとえば、通勤費、出張費、転勤の旅費、宿日直費、残業者の夜食代、借り上げ住宅の補助などである。

非課税手当を増やせば、給料アップと同じ効果

この非課税枠を上手に使えば、給与所得者にとっては、かなりの節税になるのだが、非課税枠をあまり使っていない会社は非常に多い。この非課税枠を充分に使えば、給与所得者の税金を今よりずっと低く抑えることができるのだ。

たとえば毎月25万円の賃金をもらっている人がいるとする。そのうち5万円を正規の給料として払わずに、非課税手当として払えば、年間で所得税だけで、税率10％の人で6万円、20％の人であれば、12万円の節税になる。住民税も含めれば、最低でも10万円近くの節税になるのだ。

不景気が続き、経営者は社員の給料を上げてやりたいと思っても、なかなか上げることができないことも多いだろう。しかし、同じ人件費でも、払い方を変えるだけで、年間10万円の給料アップをしたのと同じことになるのだ。これは、社員だけではなく、会社にとってもメリットは大きいはずだ。

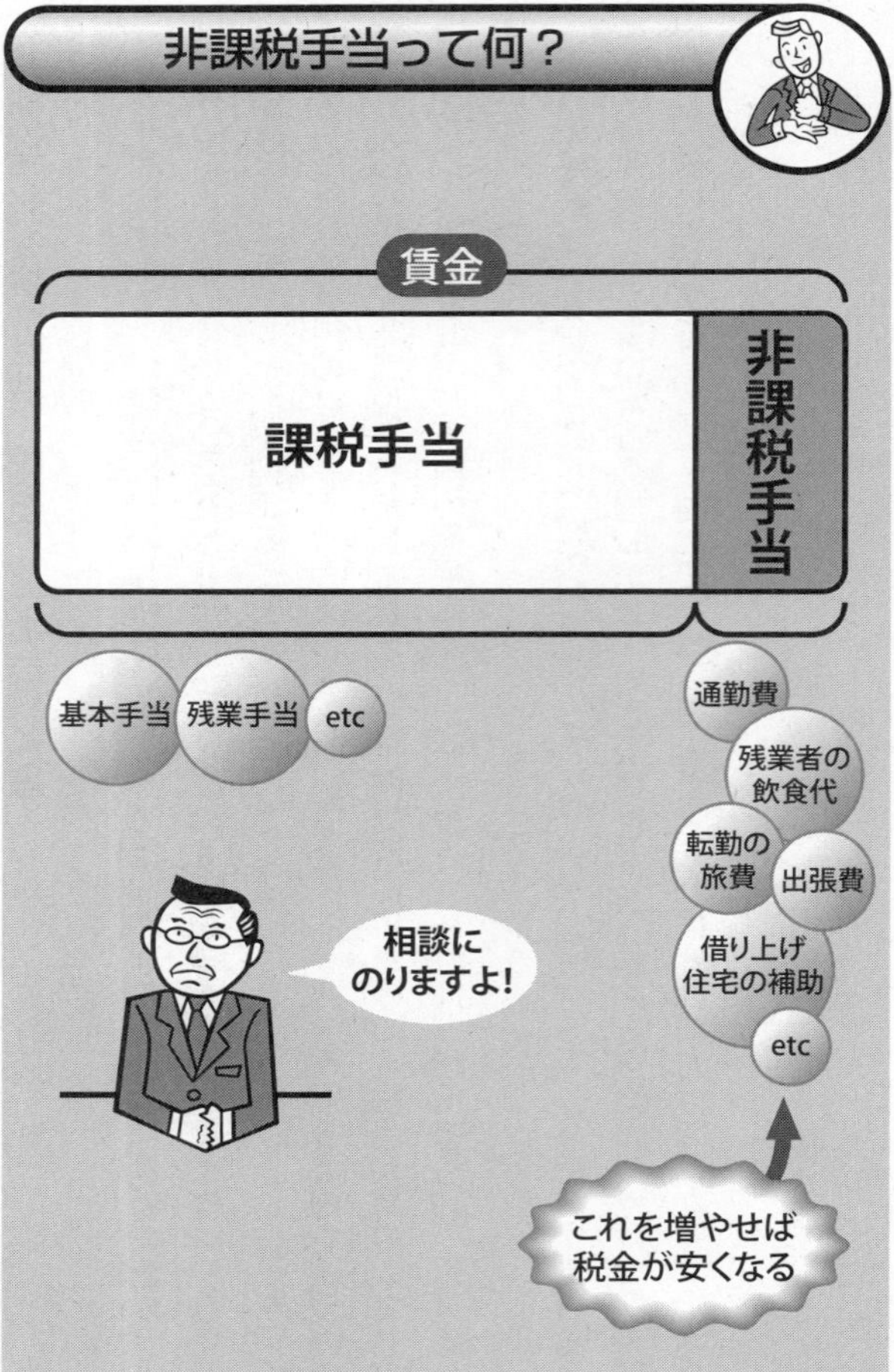
非課税手当って何？
賃金
課税手当
非課税手当
基本手当
残業手当
etc
通勤費
残業者の飲食代
転勤の旅費
出張費
借り上げ住宅の補助
etc
相談にのりますよ！
これを増やせば税金が安くなる

サラリーマンの特定支出控除とは

「サラリーマンには、必要経費が認められていない」ということをいう人も多い。しかし、サラリーマンにも、「必要経費」は認められている。給料の約30％が控除される給与所得者控除がそれである。

しかし、必要経費が30％では足りないという人も多いだろう。そういう声に応えるために、給与所得者の特定支出控除というものが新たに作られた。

これは、必要経費が給与所得者控除以上にかかった場合、サラリーマンにも経費として落とせるようにしようという制度だ。

しかし、この制度は非常に制約が多く、ほとんど使われていないのが現状だ。必要経費として認められるのが、通勤費、転勤費、技術取得費、資格取得費、単身赴任者の帰省旅費の5つしかなく、しかも、雇用者の証明が必要だからだ。自営業者のように、交際費なども認められていないので、あまり用をなさないのだ。

21 賃貸マンション、アパートは会社で借り上げ

給料を安くしても、その分で会社が家賃の肩代わりをしてくれれば、大幅な節税になる。

前項で紹介した「非課税手当」の中で、もっとも割のいいものが、賃貸マンション、アパートの会社借り上げ制度だ。

会社がマンションやアパートを借り上げて、社員の住居としている場合、社員が家賃の15％以上を払っていれば、会社が肩代わりしている家賃は給料とはみなされない。

だからもし自分の給料から、賃貸マンションやアパートの家賃を支払っている人がいるならば、そのマンションなどを会社で借り上げしてもらえば、税金は飛躍的に安くなる。

たとえば、8万円の家賃のマンションを借りているサラリーマンの場合、そのマンションを会社が借り上げて、社員に貸与しているということにする。社員は、8万円の15％、つまり1万2000円程度を払っていれば、会社が払っている家賃は、社員の給料とはみなされない。つまり、会社が肩代わりしている家賃分、毎月6万8000円、年間にすれば81万6000円が非課税になるのだ。

税率が10％の人ならば住民税を含めて約16万円、税率が20％の人ならば、約24万円も税金が安くなるのだ。

大都市のサラリーマンのウィークポイントを、節税に使うのだ。これは住宅ローン除以上の画期的な節税方法だといえる。

住宅借り上げを廃止するのは本末転倒

不景気が続いて、以前はマンションやアパートの借り上げをしていた会社が、それを行わなくなったケースも多いといわれている。しかし、それは本末転倒である。社員の給料をその分下げてでも、マンション、アパートの借り上げ制度を残しておいた方が、社員は得なのだ。給料が下がるとなれば、社員は反発するだろうが、給料を下げるのと、マンションやアパートの借り上げ制度をなくすのと、どちらが得かシミュレーションすれば、一目瞭然なのだ。

マンションを借り上げてもらい10万円の節税

A氏は、入社10年目で、年収500万円のサラリーマン。都心に住んでいるため、家賃が月8万円。勤務先はベンチャー系の企業で、社員の給料を高くする代わりに、福利厚生などには、まったく金を使わないという方針を立てていた。

A氏は、外資系に勤めている友人が、家賃の補助を受けていることを知った。会社がマンションを借り上げて、家賃の半分以上を持ってくれている。だから、実際の収入以上の生活ができ、税金も安くなるという。

A氏は、その話を聞き、会社に提案してみた。その分の給料を削ってもいいので、住居を会社の借り上げにしてほしいと。会社はまだ新しいために、社員の意見を積極的に取り入れる気質があったので、A氏の提案を受け入れてくれた。

月8万円の家賃のうち会社が5万円を持ってくれることになり、所得税、住民税を含めて10万円以上の節税となった。

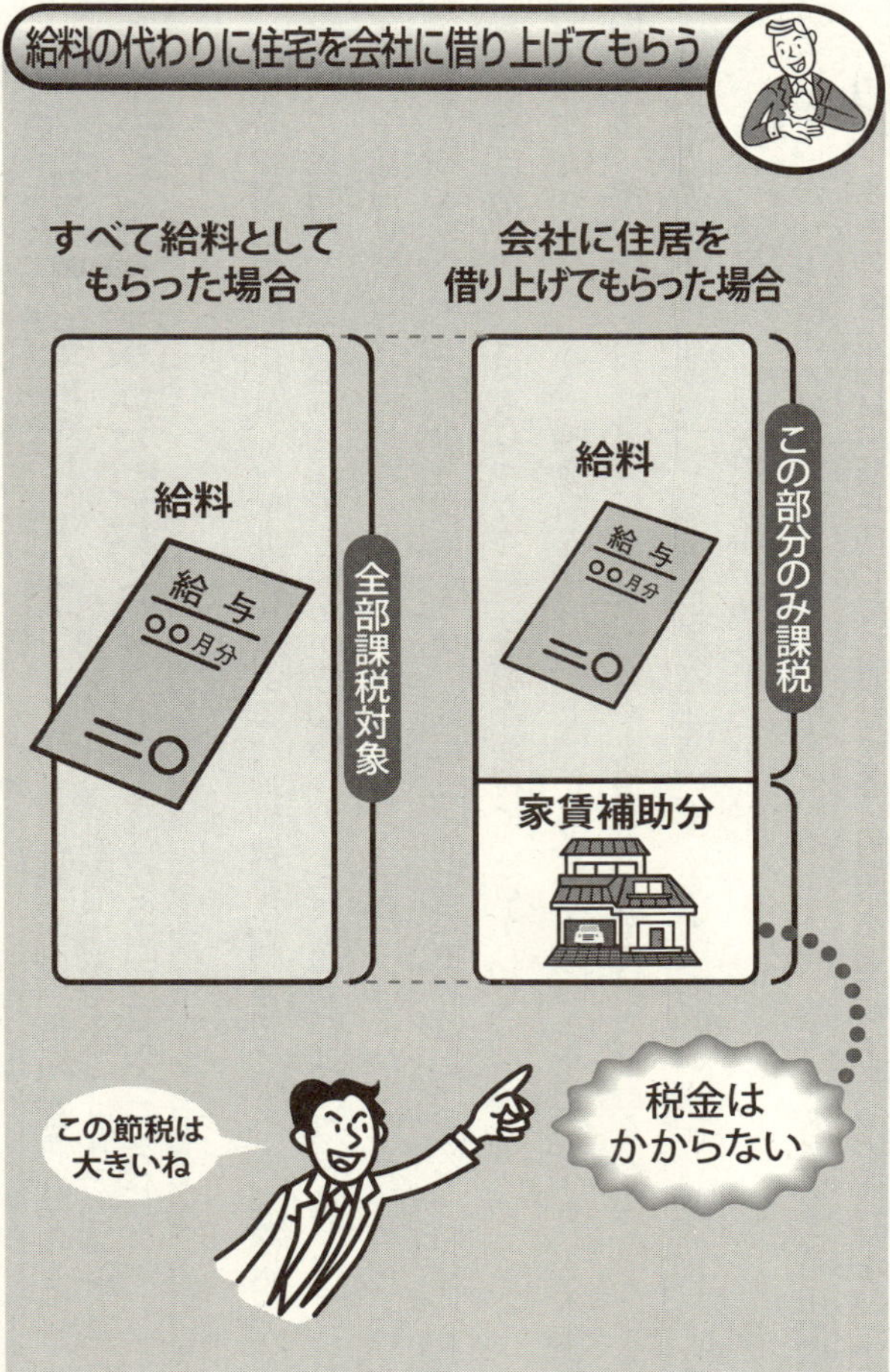
給料の代わりに住宅を会社に借り上げてもらう
すべて給料として
もらった場合
会社に住居を
借り上げてもらった場合
給料
給与
○○月分
全部課税対象
給料
給与
○○月分
この部分のみ課税
家賃補助分
税金は
かからない
この節税は
大きいね

22 通勤手当は10万円まで満額もらおう

長距離通勤者ほど、節税ができる！
通勤費（通勤手当）は10万円までは会社から出してもらおう。

通勤費は月10万円までは、全額非課税である。通勤費を給料としてもらえば源泉税がかかるが、通勤費としてもらえば税金はかからない。だから、通勤費は、給料としてもらわずに、全額通勤費としてもらうべきである。「通勤費は給料に含まれている」としている会社もあるようだが、これは社員にとって、節税上、非常に不利だといえる。同じ賃金でも通勤費は通勤費としてもらった方が、大幅な節税になるからだ。

不景気だからといって、通勤費を削ったりしている会社も多いようだが、これも本末転倒である。その分の給料を下げても、通勤費を支給した方が社員には得なのだ。

また通勤費に上限を設けている会社もあるようだが、それならこの上限は10万円にするべきである。通勤費の非課税限度額が10万円だからだ。

たとえば、10万円の通勤費がかかっている人がいるとする。会社からもらえる上限が5万円で、あとの5万円は自腹を切っているとする。自腹を切った5万円は給料なのだから所得税がかかってくる。年間に直せば、所得税だけで、税率10%の人で6万円、税率20%の人ならば12万円になる。住民税を含めると、10万円近くの税金を無駄に払っていることになる。10万円満額を通勤費としてもらえば、最低でも10万円の節税になるのだ。

非課税の通勤費というのは、「経済的で最も合理的な経路で通勤した場合」となっているが、長距離の場合は、新幹線通勤も認められている。ただグリーン料金などは除かれる。

マイカーや自転車での通勤費も非課税になる。これを使わない手はない

また、マイカーや自転車で通勤をしている人に通勤費を払っても、限度額内ならば非課税になる。マイカー通勤者や自転車通勤者にも、通勤費を払えば、その分節税となる。マイカー通勤での最高限度額は、月2万4500円である。（P.111参照）

通勤手当を全額出してもらって8万円の節税

A氏は会社からかなり遠いところに住んでいて、新幹線を使って通勤をしていた。

通勤費は、月10万円かかるが、会社の通勤手当の上限は5万円だった。その会社には、毎月の通勤費が5万円以上かかる社員はA氏以外にはいなかったのだ。

通勤手当は、10万円まで税金がかからないことを知ったA氏は、給料を5万円減らしてもいいので、通勤費を全額出してくれるように会社に交渉した。

会社は、別に支払額が、大きくなるわけではないので了承した。

A氏の給料は35万円。「通勤手当5万円、給料35万円」で受け取っていた賃金を、「通勤手当10万円、給料30万円」で受け取ることにした。

通勤手当の増額分5万円、年間に直せば60万円が、非課税となった。A氏の所得税の税率は10%だったが、それでも所得税と住民税合わせて、年間約10万円の節税となった。

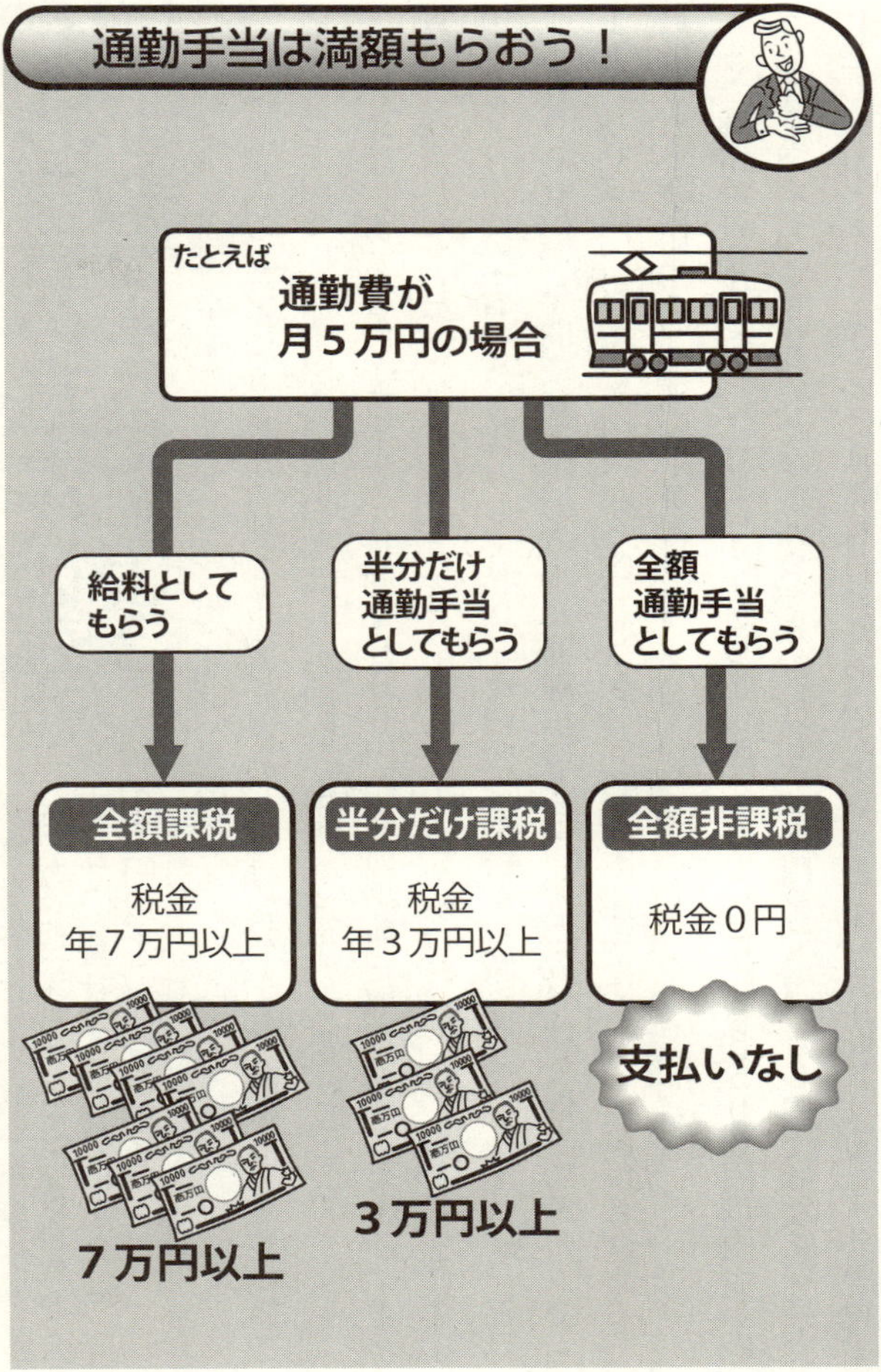
通勤手当は満額もらおう！
たとえば
通勤費が
月5万円の場合
給料として
もらう
半分だけ
通勤手当
としてもらう
全額
通勤手当
としてもらう
全額課税
税金
年7万円以上
半分だけ課税
税金
年3万円以上
全額非課税
税金0円
支払いなし
7万円以上
3万円以上

23 残業者の食事代は会社が払うようにしよう

給料から残業したときの夜食代を引いて、会社が代わりに払えば、1万円以上の節税となる。

残業した人の食事代を会社が負担した場合、そのお金は給料として課税しなくていいことになっている。残業の多い職場では、この制度で相当な節税となる。

たとえば、ある社員が残業で、毎回1000円程度の出前を取っていたとする。1ヵ月15日残業したとして、毎月1万5000円が夜食代でかかるわけだ。この1万5000円を、会社が残業者の夜食代として払い、その分を給料から減らす。そうすれば、毎月1万5000円、年間で18万円の賃金が非課税になる。所得税だけで税率10％の人でも1万8000円、税率20％の人ならば、3万6000円の節税になる。住民税も含めると、最低でも2万円以上の節税効果がある。

また通常の昼食代でも、「従業員が半分以上自腹を切ること」「月3500円以内」という条件を満たせば、非課税となる。つまり毎月3500円まで給料としてではなく、昼食代としてもらえば、その分の所得税はかからないということだ。年間にすると、非課税手当の額は4万2000円になり、最低税率の人でも、所得税、住民税を含めて5000円以上の節税となる。ただし、この場合、3500円を単に現金としてもらえば、課税手当となってしまう。非課税となるのは、会社を通じて仕出しや出前などを取ってもらった場合である。

また、夜間勤務者へ1回300円までの食事代を、現金で支給するのも非課税となる。

宿直をする人は宿直手当を満額もらおう

宿直をした社員に払う手当も、1回につき4000円までは非課税だ。宿直をする人は、この4000円を給料ではなく宿直手当でもらえば、その分の税金が安くなる。たとえば月に4回宿直があった場合、月1万6000円までは宿直費としてもらえる。この非課税枠を使わずに、全額給料として賃金を払った場合に比べれば、最低税率の人でも、住民税も含めて2万円以上の節税になる。

夜食を会社に出してもらって3万円の節税

A氏の会社は残業が多いところだった。週に3日は夜10時すぎまで会社にいる。残業する人は、途中でお腹がすくので、みな、出前などを取っていた。

A氏の学生時代の友人も、残業が多い会社に勤めていた。その友人の会社は残業した場合、会社が出前を取ってくれるということだった。外に食べに行きたい人は、1回300円が夜食代として支給された。友人の話によると、夜食を会社が出せば、社員に税金はかからない。社員が自分で夜食代を払う場合、その給料には税金がかかっている。だから夜食代分の給料を少なくしても、給料として払うより、夜食代を出した方が社員は得なのだ、ということだった。

A氏は、会社の総務部長に、夜食代を会社が持ってくれるように提案した。その分の残業代が少なくなったとしても、手元に残るお金は一緒だし、節税になる。A氏の提案は認められた。A氏は年間3万円の節税になった。

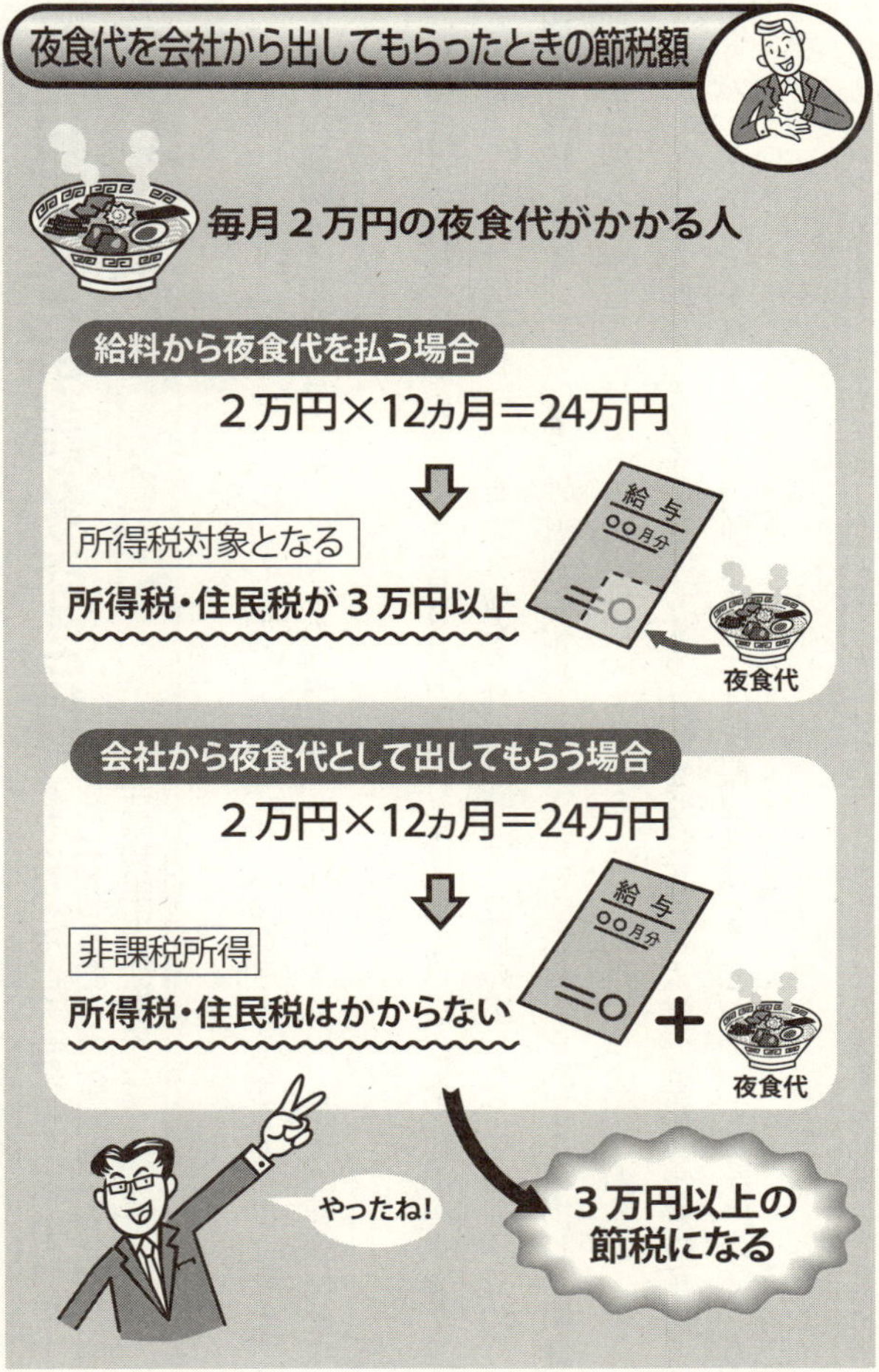
夜食代を会社から出してもらったときの節税額
毎月２万円の夜食代がかかる人
給料から夜食代を払う場合
２万円×12ヵ月＝24万円
所得税対象となる
所得税・住民税が３万円以上
給与
○○月分
夜食代
会社から夜食代として出してもらう場合
２万円×12ヵ月＝24万円
非課税所得
所得税・住民税はかからない
給与
○○月分
夜食代
やったね！
３万円以上の
節税になる

24 ほかにも非課税手当はいっぱい

家を買ったとき会社から利子補給をしてもらおう。年間数十万円も非課税手当が増える。

社員がマイホームやマンションなどを買った場合、借入金の利子を会社が補助したときも、その補助分は非課税である。借入金の利子のうち、社員が1％以上払えば非課税となるのだ。

たとえば、社員が金融機関から2000万円借りて住宅を買い、その利子が4％だった場合、1％は社員が払い、残りの3％を会社が出せば、会社の出した3％の利子分60万円は非課税となる。この60万円を普通に給料として支払い、給料から利子を負担した場合、税率10％の人で所得税だけで6万円、住民税も含めると10万円近い税金がかかる。

ただし、住宅を購入した場合、住宅ローン控除を受けている人は、通常（夫婦に子供ふたりの4人家族で年収800万円前後まで）は所得税はほとんどかかってこないので、あまりメリットはない。

しかし所得が非常に多い人や、独身者、住宅取ローン控除が受けられない人などにとっては充分メリットがある。

社員旅行を給与のオプションにしよう

社員旅行も非課税の対象となる。4泊5日以内であり、社員の50％以上が参加するならば、その費用を全額会社が負担しても非課税である。海外旅行の場合は、現地滞在が4泊5日までとなっている。

現在では、社員同士の関係の希薄化がすすんでいるといわれ、会社全体で旅行をすることを好まない社員も多いようだが、場所によっては、行きたいと思う社員もいるだろう。社員に対して希望を募り、半数以上が参加するならば、旅費を給料から差し引いておき、会社が旅費を負担すれば、社員にその分の源泉税がかからない。

たとえば、バリ島に4泊5日の社員旅行をする。旅費の12万円は、会社持ちとする。最低税率の人でも住民税を含めて2万円程度の節税となり、旅行の小遣い程度にはなるのだ。

そのほかにもまだまだ非課税手当はある

今まで挙げたもののほかにも、非課税手当はまだまだある。

通勤費には、交通機関を使った場合だけではなく、マイカー通勤者にも非課税となる額が認められている（左の表の通り）。また自転車通勤者にも、マイカー通勤と同様の通勤費が認められている。

出張などの旅費は、一般的に無理のない旅費規程があり、その規程に沿って支払われたものであれば、実際にかかった旅費の大小にかかわらず、非課税となる。

生命保険も月３００円までならば、会社が出すことを認められている。

またスポーツジムやゴルフ場使用の場合の会社負担も、すべての社員が同等に使えるなど一定の条件を満たせば、非課税となる。

これらの、非課税枠を十分に使えば、額面の給料を低くしても、社員は豊かな生活を送れるのだ。そして、給料の額面が下がれば節税になるのだ。

非課税手当と非課税限度額を知ろう

その他の非課税手当の例

昼食代	社員が半分以上を負担し、かつ月3500円まで。
夜食代	夜勤者、残業者などに夜食代として支給する「現金」は1回300円まで。出前、仕出し等の現物支給であれば、限度額はない。
旅費	出張や転勤でかかる費用。旅費規程にのっとった額であれば、実際にかかった費用でなくても可。
慶弔金	社会通念上妥当だと認められる金額。
学資金	学校の修学費。
技術取得費	業務に必要な技術を取得するための費用。
交際費	実際にかかった費用のみ。

マイカー通勤者の通勤費の非課税限度額

通勤距離が片道2km未満の者	0円
通勤距離が2km以上10km未満の者	4,100円
通勤距離が10km以上15km未満の者	6,500円
通勤距離が15km以上25km未満の者	11,300円
通勤距離が25km以上35km未満の者	16,100円
通勤距離が35km以上45km未満の者	20,900円
通勤距離が45km以上の者	24,500円

会社まで20kmで、俺の車は1リッター8km走るから、往復で5リッターのガソリンを使うな
1ヵ月平均20日働くとして、ガソリン1リッター113円だと通勤費が11300円。ピッタリだ！

COLUMN②

申告の必要があるのに申告をしなかったら

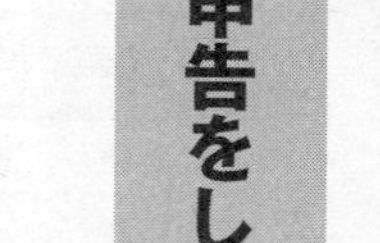

申告の必要があるのに申告をしなかった場合、無申告として取り扱われることになる。

現在の税法では、無申告が見つかった場合、本来納税すべき金額の15%を上乗せして払わなければならないとされている。また、脱税の意図があった場合は、重加算税も課せられる。

しかし見つからないままの「無申告」者は、日本全国で数十万規模、いやそれ以上いるともいわれている。なぜそんなに無申告者がいるのかというと、ある事情がある。日本は申告納税制度の国であり、「税金は自分で申告をして自分で納める」という建前になっている。だから、「申告していない人」のことは、あまり想定されていないのだ。

また、税務署の方も、無申告者に対しての調査には、あまり力を入れていない。無申告者というのは、よく実態がわかっていない人が多い。当然、闇稼業の人などもいる。そういう人にあまり突っ込んで調査をしても、危険が多い上に、税金が取れるかどうか当てにならない。そこで、無申告者は放置してしまう、という現状となっているのだ。

税務署にとっての手柄は、脱税の摘発であり、多額の追徴課税を取ってくることだが、無申告者をしょっ引いてきても、あまり評価されないので、誰も本気でやりたがらないのだ。

ではサラリーマンが、申告の必要があるのに、申告をしていなかったらどうなるのか。おそらく半分以上は、そのまま放置されるだろう。よほど高額の追徴税が見込まれない限りは、税務署はサラリーマンなどには目もくれないのだ。

しかし、もし税務署に目をつけられれば、サラリーマンといえども容《よう》赦《しゃ》はされない。

税務署は還付金のもらい忘れは教えない

では還付の申告をし忘れていた場合どうなるのかというと、これはなんともならない。税務署が親切に「あなたには、税金の還付がありますから申告にきてください」などということはないのだ。払い忘れがあるときは罰を受けるが、もらい忘れがあっても教えてはくれない。だから、納付か、還付かというのは、自分でしっかり把握しておくべきだろう。

第3章
給与所得者の相続税、贈与税対策

25 贈与税とは何か

贈与税は、相続税逃れを防ぐための税金！ 普通の人は控除を上手に使えば、恐れることはない。

贈与税というのは、現金や不動産など何か価値のあるものをもらったときにかかる税金である。

また、個人から著《いちじる》しく低額で財産を譲り受けたときや債務を免除してもらったときなども贈与税の対象となる。これは市場価格よりも極端に安い値段でものを買ったときにも、「もらう」ことと同じ要素があるということだ。

贈与税というのは、本来、相続税逃れを防ぐための税金である。資産家が相続税を逃れるために、生前に家族に財産を移したりすることを防ぐというのが目的なのだ。相続税というのは、通常数千万円単位の資産ではかかってこない。しかし、この贈与税は、サラリーマンなどの庶民をも苦しめることになった。サラリーマンの家庭が、家を建てるときに親から援助してもらった場合、多額の贈与税が発生することになったからだ。

贈与税の場合は、１１０万円以上の贈与があれば課税されてしまうので、資産家よりも、むしろ庶民を苦しめる税金となってしまったのだ。

当局もその点に配慮して、最高2500万円までは贈与税がかからない制度を作った。普通のサラリーマン家庭ならば、この制度を使えば十分だといえる。

年間110万円までの贈与は贈与税ゼロ

また贈与税には、年間110万円の控除額がある。逆にいえば年間110万円までならば、税金はかからない。この贈与税の基礎控除を利用して、相続税対策をするという方法もある（P.148参照）。

たとえば、妻と子どもがふたり、孫が3人いる場合、それぞれに毎年110万円の贈与を行えば、6人分で毎年660万円の資産を移すことができる。これを毎年続ければ10年で、6600万円だ。1億円くらいの遺産があれば相続税がかかってくるので、それに近い遺産を持っている人は利用するべきだろう。

ものをもらえば贈与税はかからない？

贈与税というのは、金銭やものをもらったときにかかる税金である。ものをもらったりあげたりということは、社会の中では普通に行われていることであり、税金がかかるなどと意識されていない場合も多い。

また、もののやり取りというのは、わかりにくい要素がたくさんあり、税法上は絶対課税されるべきことでも、そうされていないこともままある。

たとえば、金持ちの子どもが親から何百万もする高級車を買ってもらうなどということはよくある。これなどは、本来、贈与税の課税対象となるはずだが、親から車を買ってもらって、贈与税を払ったなどということは聞いたことがない。

また、クラブのホステスが数百万、数千万の品物をもらったという話もよくあるが、これにもほとんど課税されていない。また税務署が調査などをして課税したということもないと思われる。

贈与税の計算のしかた

その年に**贈与された額** **－110万円＝** **課税標準**（税金をかける元となる金額）

課税標準 **×税率－控除額＝** **贈与税額**

贈与税の税率

贈与の額（課税標準）	税率	控除額
200万円まで	10%	－
200万円超～300万円	15%	10万円
300万円超～400万円	20%	25万円
400万円超～600万円	30%	65万円
600万円超～1000万円	40%	125万円
1000万円超	50%	225万円

26 550万円まで住宅資金を援助してもらう

家を建てるとき、親から資金を援助してもらっても贈与税はかかる。でも550万円までなら税金はゼロ。

人からお金や資産をもらった場合、通常は贈与税がかかる。それは親子でも同様で、親子といえども、贈与があれば贈与税は発生するのだ。

しかし、住宅資金に関しては特例がある。この特例を受ければ610万円までは無税となる。

この特例は、贈与税の基礎控除額110万円に加えて、500万円までは、親から住宅資金の援助を受けても贈与税がかからないようにするというものだ。

610万円というと、贈与税としては高額だが、相続税としてはそれほど大きな金額ではない。だから、贈与税対策として有効だが、相続税対策としては、あまり意味のないものである。

サラリーマンでも、税務署に調査される!?

この特例は、申告しないと受けることができない。申告をしなければ、税務署から問い合わせがきて課税ということになるので、忘れずに申告しよう。

親からお金をもらったくらいで、税務署にはわからないんじゃないか、と思っている人も多いかもしれない。しかし、税務署を甘く見ない方がいい。

税務署は、土地建物の取引があった場合は、必ずチェックを行っている。また一戸建ての新築があった場合や、マンションの購入があった場合は、「お尋ね文書」を購入者に送付して、資金の出どころや取引形態などを問い合わせる。

その際、頭金が不自然に多かったり、収入の割には、大きな物件を購入していたような場合は、税務署から不審に思われ、調査されることもある。相続税や贈与税に関しては、サラリーマンといえども、税務署の調査の対象となるのだ。

だから、申告して済むものならば、申告しておくに越したことはないのだ。

親から４００万円の住宅資金で贈与税はゼロ

A氏は結婚して5年目、ふたりの子どもがいる。今、住んでいるアパートは手狭になったために、今度、家を建てようと考えていた。

A氏が家を建てるというと、親はA氏のために貯めておいたお金があり、４００万円程度までならば出せるということだった。

A氏はそれをありがたく受け取ることにしたが、問題が生じた。A氏の友人の話によると、お金をもらえば、それが親であっても贈与税がかかるという。贈与税の基礎控除は１１０万円なので、それ以上もらえば税金がかかってくる。

１１０万円では、あまり足しにならない。そこで、税務署にどうにかならないか相談してみることにした。

すると、６１０万円までなら、住宅資金に限っては、贈与税がかからない特例があるという。もちろんA氏は、その特例を受けることにした。

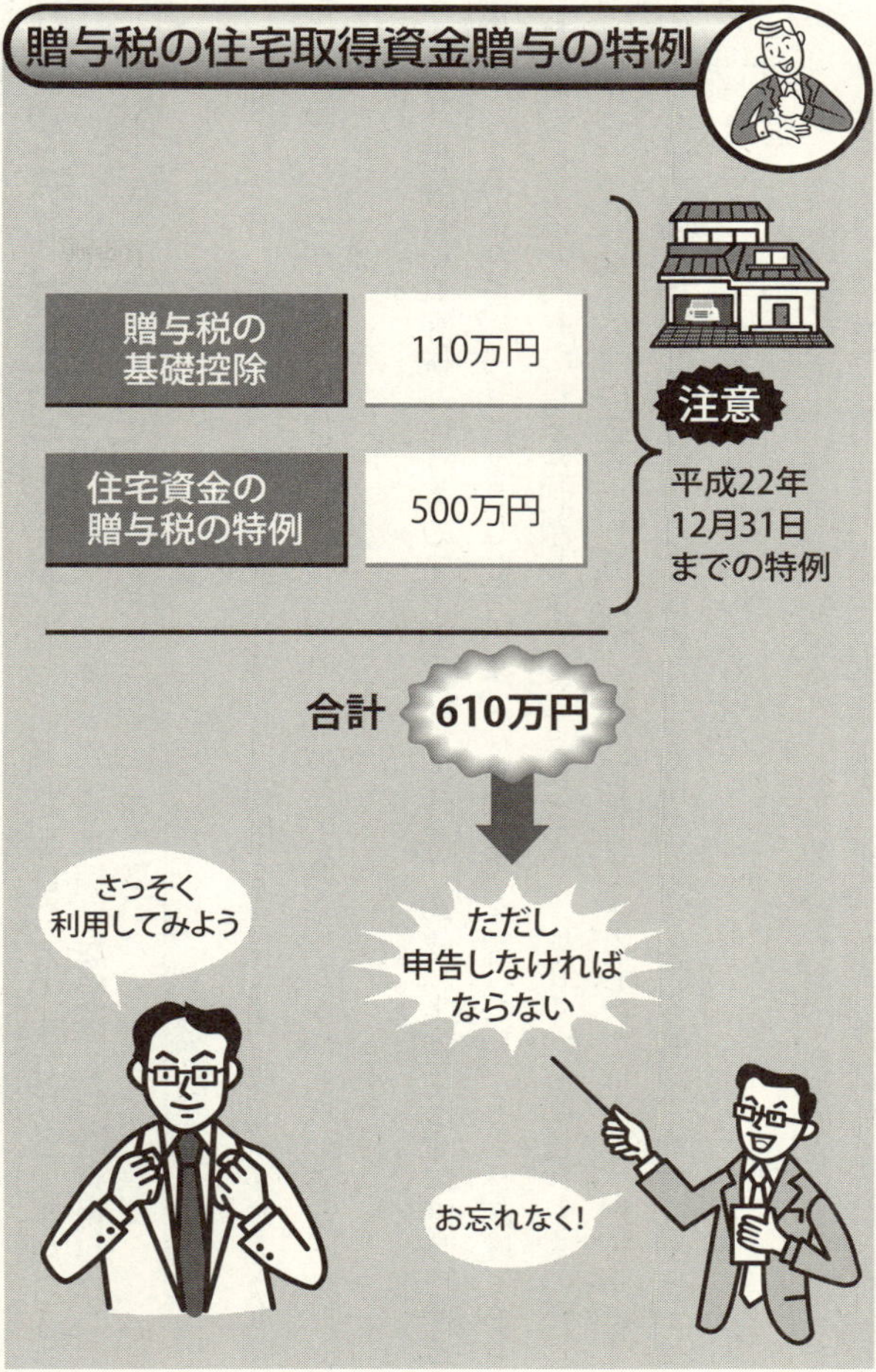
贈与税の住宅取得資金贈与の特例
贈与税の基礎控除
110万円
住宅資金の贈与税の特例
500万円
注意
平成22年12月31日までの特例
合計
610万円
さっそく利用してみよう
ただし申告しなければならない
お忘れなく!

27

2500万円まで無税で親から援助

2500万円までなら、親から資金援助を受けても贈与税がかからない。

前項では、610万円までは、親から住宅資金の援助を受けても、贈与税がかからない方法を紹介したが、ここではさらに2500万円まで、贈与税がかからない方法を紹介しよう。

これは相続時精算課税というもので、65歳以上の親が、20歳以上の子どもに贈与をする場合、一定の条件を満たせば2500万円までなら贈与税をかけない、という制度である。親の財産を子に使わせて景気を刺激しようということで、平成15年から始まったものだ。

ただし、これは無条件に2500万円が、無税で贈与できるわけではなく、相続時にその2500万円を加算しなければならない。つまり、親が死亡する前に、親の資産を子どもに移させて、住宅を購入させようというものだ。

親が亡くなったとき相続財産に加算される

この制度の大きな特徴は、贈与税に関して、非常に有利な制度であるということだ。今までならば、親からの住宅資金の援助は、610万円を超えると贈与税がかかっていたが、これで一気に2500万円まで非課税の限度が跳ね上がったのだ。

ただし、相続税対策としてはまったく有効な制度ではない。住宅購入資金がそのまま相続対象の遺産として計上されるからだ。つまり、2500万円を現金で、遺産として残すのと同じことなのだ。

もし、2500万円の住宅を親が自分の名義で買い、親が死んだときに子どもに相続させれば、その価値は下がっているので、2500万円が満額相続財産として計算されることはない。ケースにもよるが、おおむね家を建てて10年くらいたてば、評価額は半分近くになっているはずだ。ところがこの制度を使った場合、評価額が下がらない分だけ、相続時には、1000万円~2000万円程度、相続財産が増えるということになる。

だから、この相続時精算課税制度は、対策としては有効な、あくまで贈与税の節税方法であり、相続税の節税方法ではない。

住宅資金2500万円の贈与税はゼロ

A氏の実家は、3代前からの資産家だった。祖父は近隣に知られた地主であり、父の代になって多少財産が減ったものの、まだかなりの資産がある。

しかし、A氏の父は不動産投資に失敗したりして、財産の管理はあまり当てにならなかった。A氏は、このままでは実家の財産が父のために、なくなってしまうのではないかと心配していた。

現在、親からの2500万円までの援助ならば、贈与税がかからないという特例がある。A氏はそれを使うことを思いついた。父にお金を出させて、自分が家を建てるのだ。それによって、実家の財産が無益に減ることも防げる。

A氏は結婚したばかりだったので、新居を建てるのにもちょうどよかった。父は、今までの不動産投資の失敗などがあったので、しぶしぶ了承した。A氏は実家の財産を上手に使って家を建てることに成功した。

相続時精算課税制度のしくみ
税金は
いただきません
子どもが家を建てたとき
親から2500万円まで
の援助を受ける
税務署
贈与税がかからない
ここで
いただきまっせ！
¥
税務署
親が死亡したとき
相続財産
＋
2500万円
＝
相続税の
課税対象

28 2500万円以上、親に住宅資金を出してもらう方法

贈与税は、贈与があったときにかかる税金。単なるお金の貸し借りならば、贈与税は発生しない。

前項、前々項と親から住宅資金を援助してもらう方法を述べてきたが、今回はほぼ無制限に、親から住宅資金を無税で援助してもらう方法を紹介しよう。

贈与税というのは、贈与を受けたときに発生する税金である。贈与ではなく、単なるお金の貸し借りでは、贈与税は発生しない。

そこで、住宅資金を親から「もらう」のではなく「借りる」ことで、贈与税の発生を防ぐのである。これなら、いくら借りたところで贈与税はかからないのだ。

しかし本当はもらっているのに、借りたということにしても通らない。借りる場合には、きちんと貸借の契約書を作らないとならないし、利子も払わなければならない。

借金の契約書などは、きちんと揃えておかないと認められない

契約書は、決まった書式があるわけではなく、借主、貸主の署名、押印、借りた日付、借りた金額、利子などが表記されていればいい。また利子は、通常の銀行の利子を参考にして、著《いちじる》しく下回らない程度であればいい。

借金はもちろん返済しなくてはならない。しかし、借金の返済に、贈与税の基礎控除を使えば、わざわざ返す必要もなく返したことになるのだ。つまり、贈与税には110万円の基礎控除があるので、毎年110万円は、何もお金を返さなくても、返済したことになるのだ。また、それを子どもひとりではなく、子ども夫婦に使えば、毎年220万円は借金を返済したことになる。返済期間が20年くらいになれば、4000万円程度の借金を返すことができる。

この方法を使えば、たいがいの住宅資金援助は、贈与税がかからないようになる。

ただし、書類をきちんと揃え、毎年の返済額、贈与額などを記録しておかないとこの方法は認められない。

コレが実例だ!!

親からの住宅資金4000万円の贈与税はゼロ

A氏は、結婚して10年目。ふたりの子どもはそれぞれ小学生になり、自分の部屋をほしがったために、家を建てることにした。

A氏の父はもう亡くなり、母がひとりで実家に住んでいた。A氏はゆくゆくは母を引き取ろうと思い少し大きめの家を建てることにした。すると母が、父の退職金や遺産などをすべて出してくれるという。総額は4000万円だという。

4000万円となると、贈与税の特例も受けられないので、贈与税がかかってしまう。それに、4000万円ものお金をもらってしまうのは気が引けた。

そこでA氏は、母からそのお金を貸してもらうことにした。

きちんと利子も決め借用書も作った。借用書には、返済方法も記載した。返済は、毎月20万円ずつということにしていた。もし払えなくても、母から夫婦への贈与ということにすればいいからである。

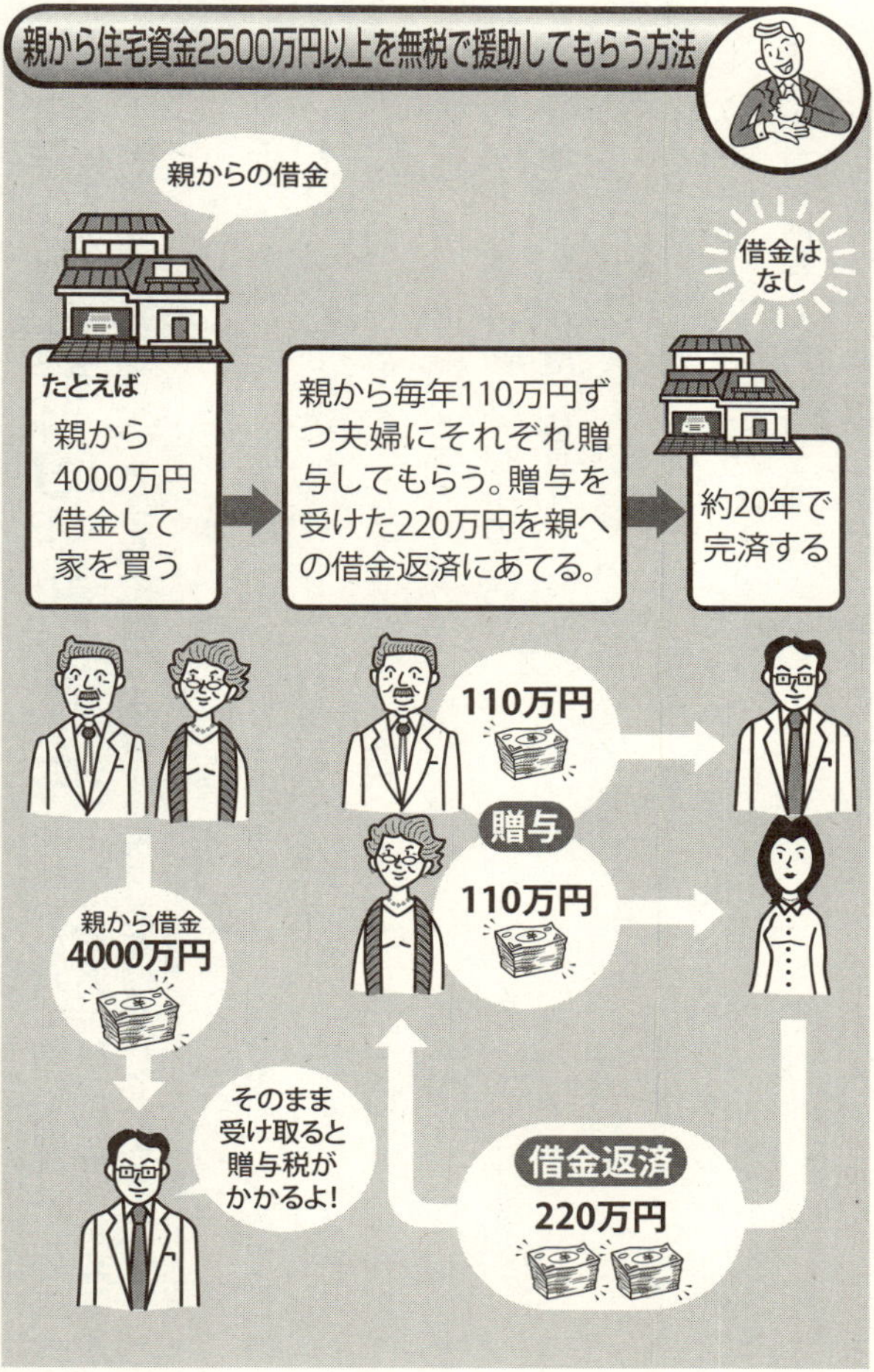
親から住宅資金2500万円以上を無税で援助してもらう方法
親からの借金
借金はなし
たとえば
親から4000万円借金して家を買う
親から毎年110万円ずつ夫婦にそれぞれ贈与してもらう。贈与を受けた220万円を親への借金返済にあてる。
約20年で完済する
110万円
贈与
110万円
親から借金
4000万円
そのまま受け取ると贈与税がかかるよ!
借金返済
220万円

29 相続税の基本的な節税方法
～自分の墓は生きているうちに建てよう～

相続税の基本的な節税は、できるだけ相続税がかからない非課税財産を増やしておくこと。

相続税というのは、相続した財産にかかる税金である。相続した財産のうち、お金に換算できるものは、すべて相続税の対象となる。

しかし、例外的に相続財産からはずされる「非課税の財産」がある。この「非課税の財産」を増やしておけば、相続税の節税につながるのだ。

相続税が非課税の財産は、以下の8つ。

1 墓地、霊廟、仏壇、仏具など
2 公共事業用財産
3 国などに寄付した場合の財産
4 心身障害者共済制度にもとづく給付金
5 生命保険金などの一定金額
6 死亡退職金などの一定金額

7　特定公益信託に支出した金銭
8　皇室経済法の規定によって、皇位とともに受けたもの
このうち2～8は一般の人には、あまりなじみのないものだろう。しかし、1は、普通の人でも関係のあるものであり、増やそうと思えば増やせるものである。

特に墓地は、都心部では1000万円を超すような場合もあるので、これを利用すれば大きな節税になる。

お墓が必要ならば、生前に建てておこう

死ぬ前に墓を建てれば、墓を建てた金は相続財産からはずされる。しかし、死んでから相続した財産で墓を建てれば、その金は相続税の対象となる。

墓を持っていない人や、自分の家の墓が遠隔地にあって自分はその墓には入りたくないと思っているような人は、ぜひ生前に墓を建てるべきだろう。生前に対応していれば、節税効果は大きいのだ。

また、墓をローンで買った場合、そのローンは、相続財産から差し引くことはできない。

生前に墓を建てて相続税を免れる

A氏は、若い頃に買った土地がかなりの資産になっていた。妻はすでに亡く、このまま自分が死ねば、子どもたちに相続税がかかってくる。しかし、A氏は70歳になった今でも、毎日忙しく、とても相続税対策などを講じる余裕などない。

そこで、手っ取り早く、相続財産を減らす方法を税理士に聞いてみた。

税理士は、A氏に墓を建てるように進言した。都心でちょっとした墓を建てれば、１０００万円程度はかかる。それを生前に建てていれば、相続財産を減らせるということだった。A氏は、地方出身者で、祖先の墓は遠方にある。しかし、A氏の生活基盤は東京にあり、子どももみな東京にいる。

A氏は墓を建てることにして、１０００万円以上の相続財産を減らすことができた。A氏の財産は、相続税がかかるギリギリのところだったので、墓のお陰で相続税がかからないで済んだ。

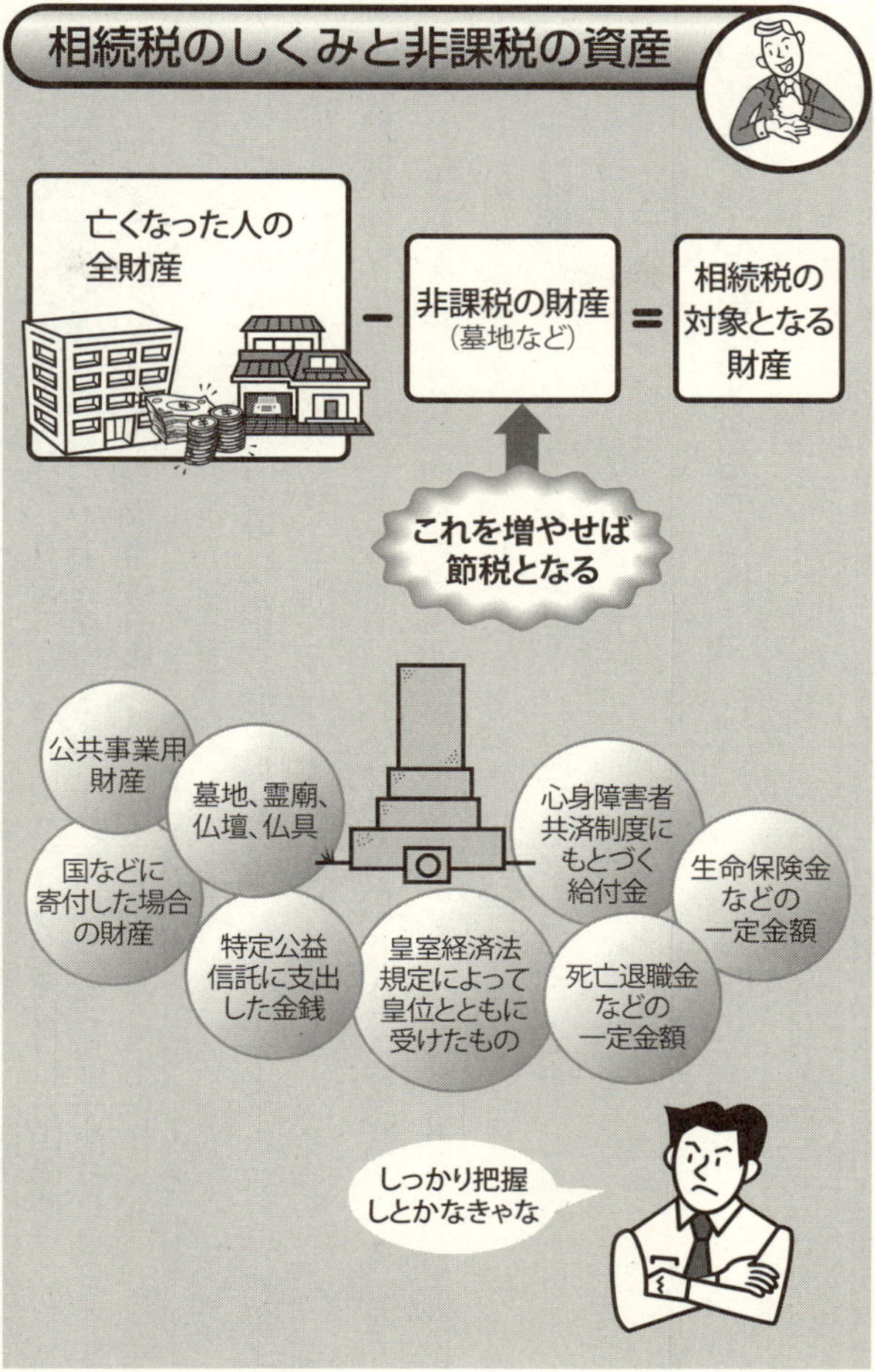
相続税のしくみと非課税の資産
亡くなった人の
全財産
－
非課税の財産
（墓地など）
＝
相続税の
対象となる
財産
これを増やせば
節税となる
公共事業用
財産
墓地、霊廟、
仏壇、仏具
国などに
寄付した場合
の財産
特定公益
信託に支出
した金銭
皇室経済法
規定によって
皇位とともに
受けたもの
心身障害者
共済制度に
もとづく
給付金
生命保険金
などの
一定金額
死亡退職金
などの
一定金額
しっかり把握
しとかなきゃな

30 相続税の基本的な節税方法
～遺産分割は配偶者を中心に～

相続税は7、8000万円の遺産からかかる。でも配偶者は1億6000万円までならば税金はゼロになる。

相続税というのは、一定以上の財産を相続した場合にかけられる税金である。一定以上というのは、相続した遺族の人数によって変わってくる。

相続税は、簡単にいえば、（5000万円＋1000万円×相続する遺族の人数）を超えた場合に、かかってくる。相続する遺族が、配偶者と子どもふたりの計3人の場合は、8000万円以上遺産があれば相続税がかかることになる。

通常、相続税とは、7、8000万円以上の遺産があった場合にかかってくると思っていい。

配偶者を中心に相続する利点とは!?

しかし、もし相続する遺族の中に、故人の配偶者（妻か夫）がいて、配偶者を中心に遺産分割すれば、相続税は、1億6000万円までならば非課税となるのだ。相続税に関しては、配偶者はとても優遇されているのだ。ただし、1億6000万円まで非課税となるのは、配偶者が相続した分のみであり、配偶者以外の遺族が相続した分については、（5000万円＋1000万円×相続する遺族の人数）を超えた財産について相続税が課せられる。

庶民レベルならば、ほとんどが1億6000万円もの遺産はないだろうから、配偶者を中心に相続をすれば、庶民には相続税はかからないということになる。

また、遺産の半分までならば、どれだけ大きな遺産であっても、配偶者には相続税はかかってこない。この制度は上手に利用するべきだろう。

特に、被相続人が急死したりして、生前に相続税対策をほとんど施していない場合は、P.139図の2点を忠実に守った方が得策だ。相続の権利がある子どもなどが、欲をかいて無理に自分がもらおうとすると、高い相続税を払わなくてはならなくなる。一旦、配偶者に相続してもらって、次の相続時（配偶者死亡時）までに相続税対策を講じておくのが妥当だろう。

財産をすべて妻に相続させて相続税ゼロ

A氏は、一代で財を築いた企業家だった。まだ働き盛りの55歳のときに、急に心臓発作を起こして死んでしまった。

残された家族は、妻に子どもふたり。遺産は1億５０００万円ほどあった。

A氏は、自分の財産が相続税がかかるくらいの規模であることは知っていたが、まさか自分がこんなに早く死ぬとは思っていなかったらしく、相続税対策などはまったく講じていなかった。

相続税の基礎控除は５０００万円プラス相続人数×１０００万円なので、A氏の遺族には相続税がかかってしまう。しかし、A氏の財産というのは、自宅と事業所がほとんどで、預金はあまりなかった。相続税を払うとなれば、自宅や事業所を売らなければならない。

しかし妻に全額を相続させれば、1億６０００万円までは相続税がかからないことを、知人に教えられた。遺族で相談し、A氏の妻にすべてを相続させることにした。

相続税は配偶者が優遇されている

相続税の基本的な節税方法

相続税節税の基本事項	理由
❶ 遺産が３億2000万円以下なら、 １億6000万円を配偶者が相続する。 	遺産のうち１億6000万円まで相続税がかからない。 つまり遺産が１億6000万円以下なら相続税は**0**。
❷ 遺産が３億2000万円超なら、 遺産の半分を配偶者が相続する。 	どんなに遺産が多くても、遺産の半分にしか相続税がかからない。

31 相続の一世代飛ばしと、生命保険の掛け方

孫に贈与をすれば、相続の機会を一世代飛ばすことができるので、相続税の大幅節税となる!!

相続税というのは、相続人が配偶者、子ども、父母以外の場合は、税率が20%増しになる。だからもし、孫に遺産を分割したならば、その孫は相続税をより多く払わなくてはならない羽目になるのだ。

通常、遺産というのは、親から子へと相続されるものである。しかし遺産を、子を飛び越えて孫に相続させれば、相続税を払う機会を1回飛ばすことになる。だから、孫に相続させた場合は、税率が高く設定されているのだ。

孫に遺産を分けたいと思う場合は、相続ではなく、贈与税の基礎控除を利用する。前述のように年間110万円までの贈与には、贈与税はかかってこないので、これを何人もの孫に何年も続ければ、けっこう大きな資産を移すことができる。

生命保険金に相続税が掛からないようにする方法

生命保険を掛けられていた人が死んだ場合、死んだ人が保険料を払っていたならば、その保険金も相続税の対象となる。これはけっこう盲点である。あまり資産家じゃない人も、生命保険だけは高額のものに入ったりしているからだ。しかも、生命保険の保険金というのは、税務署から把握されやすいのだ。

しかし、生命保険は死ぬ人ではなく、受取人の名義で生命保険料の払い込みをしていた場合（生命保険の契約書に記載される）は、相続税の対象とはならずに、一時所得の対象となるので、税率はかなり低くなる。だから、基本的に生命保険は、死ぬ人ではなく、受け取る人が払い込みの名義人となるべきである。

しかし、受取人に収入がない場合は、保険料の負担者の名義が受取人であっても、贈与とみなされる。

そこで、贈与税の基礎控除を利用して、毎年110万円分の生命保険の掛け金を、被相続人（資産を持っている人）が、相続人に贈与する。そうすれば、生命保険の受取人が無収入であっても、自分で生命保険の掛け金を支払ったこととなる。

贈与税の基礎控除を使って資産を孫に贈与

A氏は、かなり資産を持っていた。

このままでは、多額の相続税を払わなくてはならないので、なんらかの対策を講じなくてはならない。

そして、自分の資産を子どもだけに移すのではなく、孫にも譲りたいと思っていた。子どもに多くの財産を残すと、争いの種になるだろうし、働く意欲がなくなるんじゃないか、と考えたのだ。それで、なるべくたくさんの人に、分け与えたいと思った。

しかし死んだ後、孫に遺産を分割すると、孫の相続税が高くなる。そこで、生前に自分の孫達に少しずつ贈与していくことにした。

10人の孫に毎年110万円ずつ送金した。これを12年間続けた。孫ひとり当たり1320万円、合計で1億3200万円の資産を無税で孫たちに分割することができた。

これをA氏の死後の遺産として相続させると、合計で800万円程度の相続税を、孫達は払わなくてはならなかった。

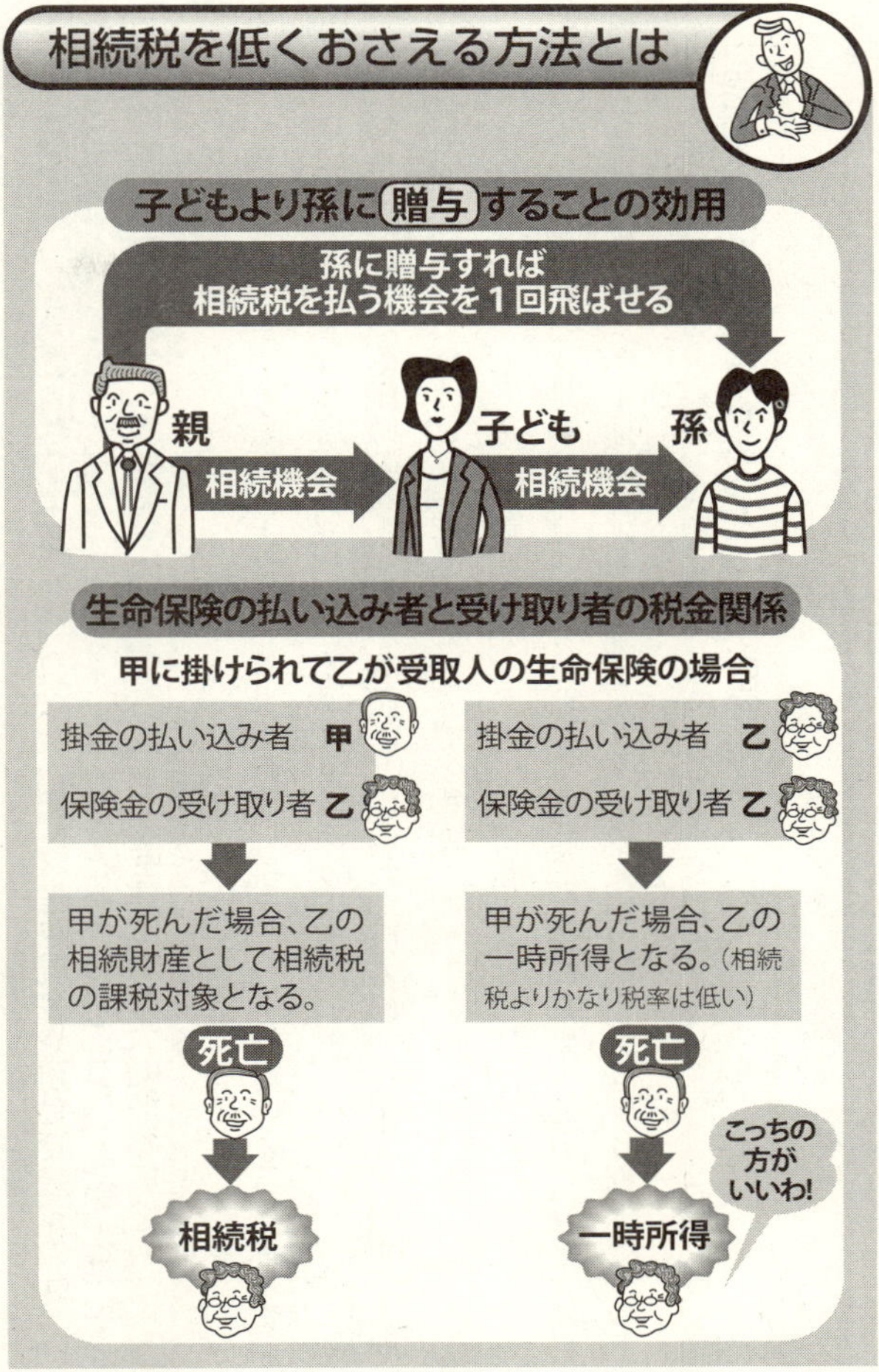
相続税を低くおさえる方法とは
子どもより孫に贈与することの効用
孫に贈与すれば
相続税を払う機会を1回飛ばせる
親
相続機会
子ども
相続機会
孫
生命保険の払い込み者と受け取り者の税金関係
甲に掛けられて乙が受取人の生命保険の場合
掛金の払い込み者　甲
保険金の受け取り者 乙
甲が死んだ場合、乙の相続財産として相続税の課税対象となる。
死亡
相続税
掛金の払い込み者　乙
保険金の受け取り者 乙
甲が死んだ場合、乙の一時所得となる。(相続税よりかなり税率は低い)
死亡
一時所得
こっちの方がいいわ!

32 相続税の節税策
～高い土地に自宅を建てよう～

相続財産を現金や預金で残すのは、もっとも愚かなこと。高い土地に自宅を建てれば大幅節税に。

資産を残す場合、もっとも節税上好ましくないのが、現金や預金だといえる。現金や預金は、残されたそのままの額が相続財産となってしまうからだ。

土地の場合は、実際の価値の70～80％が評価額といわれているので、預金と同額の土地を残せば、相続財産は20～30％減らすことができるのだ。

ゴルフ会員権や株券なども、実際の価格よりも低い評価となる。

自分の所有している土地に、貸家を建てるというのも節税上の効果がある。貸家を建てれば、貸家建付地として、土地の評価が2割下がる。また建物自体も評価が3割下がるのだ。

自宅の土地は節税効果がもっとも高い財産

また、もっとも節税効果が高いのが、「自宅」である。自宅には「小規模宅地等の特例」

というものがあり、自宅の土地はほかの土地よりも、相続財産としての評価額が著しく減額されるのだ。

被相続人と生前同居していた親族が、居住を継続する場合は、240㎡までは20%に評価を下げられる。配偶者や2世帯同居していた子どもなどが、その対象となる。

また居住を継続しなくても、200㎡までは50%も評価を下げられるのだ。

「小規模宅地等の特例」には240㎡までという制約があるので、自宅は、安く広い土地に住むより、狭く高い土地に住んだ方が、節税効果は上がるといえる。

もし田舎の広大な土地に住んでいる人は、都心部の狭い土地に引っ越してきた方が、遺族は助かるはずである。そこに家を建てた方が節税効果は上がるといえる。

また被相続人が、事業を営んでいた場合、その事業用の土地にも、「小規模宅地等の特例」がある。これは最大で400㎡である。さらに駐車場や貸家の敷地として使用していた場合にも適用になる。

土地代の高い都市部に移転で相続税を免れる

A氏は、相続税がかかる程の資産を持っていた。その財で、地方に広大な土地を求め、豪邸を建てていた。

しかし、還暦を迎えたとき、相続税について考えてみた。A氏の資産は、土地代だけで3億円程度ある。もし、このまま自分が死んでしまったら、遺族は、莫大な相続税を払わなければならない。

A氏は、相続財産には「小規模宅地等の特例」というものがあることを思い出した。小規模の土地ならば、自分が死んで自宅を妻が相続すれば、土地の評価が20%に下げられる。しかし、今の広大な土地では、特例は一部しか受けられない。

そこで、A氏は地価の高い都会に移り住むことを考えた。地価の高い都会（たとえば東京23区内）に、狭い土地を買って住めば、「小規模宅地等の特例」を１００％受けられる。そうすれば、残された家族が相続税を払わずに済むのだ。

節税効果が高いものは「自宅」！

亡くなった人の自宅の価額の減額割合

区分	内容	土地等の価額の減額割合	適用対象面積（注）
事業用宅地	事業を継続	80%	400m²まで
	事業を継続せず	50%	200m²まで
居住用宅地	配偶者が相続または居住を継続	80%	240m²まで
	居住を継続せず	50%	200m²まで
不動産貸付、駐車場等に利用されている宅地		50%	200m²まで

（注）小規模宅地等に事業用宅地（事業を継続）とそれ以外のものとがある場合等には、適用対象面積の調整がある。

33 相続税対策は早期発見がポイント

相続税の脱税で捕まる人たちのほとんどは、一代で財を築いた人が急に亡くなったとき。

相続税対策のもっとも基本的で、有効な手立てというのは、早めに準備をするということである。

相続税の脱税事件は、ほとんどが一代で成功して、財を築いた人の相続人たちによるものだ。何代にもわたっての資産家で、相続税で摘発されたケースというのはあまりない。

つまり、一代で急に財を成した遺族は、相続税対策をまったく考えていないということなのだ。

一代で急に財を成した人というのは、自分が死んだ後のことをあまり考えていない。相続税対策をほとんどしないまま、急に死んでしまい、遺族は慌てて資産を隠しに走るのだ。

それに引き換え、数代にわたって資産を維持してきた家族は、相続税についてあらかじめ対策を講じてきたので、脱税で摘発されることはほとんどない。

また相続税というのは、お金持ちの税金だという誤解もある。「自分の家族は相続税とは関係ない」と思い込んで、まったく相続税対策を講じていないケースもままあるのだ。配偶者がすでに亡くなっている場合で、子どもがひとりかふたりしかいないような場合は、遺産総額が7000万円程度でも相続税がかかってくる。都心の住宅地に、ちょっとした広さの家を持っていたり、小金を貯めているような人でも、相続税が発生する可能性はあるのだ。

10年前から相続税対策を講じれば

相続税がかかるギリギリくらいの資産を持っている人が、あらかじめ相続税対策を講じて、相続税がかからなくなるようにするのは簡単である。

たとえば、死ぬ10年前から相続税対策を講じていれば、2、3000万円の資産はすぐに減らすことができる。贈与税の基礎控除110万円を毎年、2、3人に、贈与しておけばいい。20年前から講じれば、その倍の資産を減らせる。シミュレーションしてみたらいかがだろうか。

相続税対策は家族の結束が大事？

相続税対策の失敗は、遺族の不和から起こることが多い。遺族が、全体の相続税のことを考えて結束すれば、そう大きな資産ではない限り、相続税はそれほど恐れるものではない。

たとえば、本章30でも述べたように、1億6000万円までは、配偶者が相続すれば、税金はかからない。家族の中で誰かが、頑強に法定相続分を要求すれば、相続税を払わないで済むところを払わなければならない羽目になったりするのだ。

また、相続税というのは、税務署への密告が多い税金でもある。しかも遺族からの密告が多いのだ。それは、遺族の誰かが、遺産を隠していると疑っていて、それを税務署に調べてもらいたいという、意図があるのだ。税金をたくさん取られてでも、自分の遺産はちゃんともらいたいというわけだ。なんにしろ、遺族同士が喧嘩をしているようでは、相続税対策というのはうまくいかないのである。

もしもを早めに考えておこう！
生命保険
○○会社
○○証券
死亡
相続税対策をしていなかった
おやじ！ いっくら稼いでもこれじゃもったいないよ！
急に亡くなると遺族は大変なことになる。
「相続なら歓迎」といえない部分はたくさんある。たとえば
・家族が住んでる家はこのまま住みたいのに処分しなければならないのか？
・会社の経営は継続したいけど税金はどうしよう？
相続税対策をしていれば
やったね
さまざまな対応策がとれて、意外と相続税が少なく済んだ。

COLUMN③

脱税が見つかったらどうなるのか

脱税が見つかったらどうなるかというと、まず第一に、追徴税を払わなければならない。

追徴税には指摘された課税漏れのほかに、過少申告加算税、重加算税という罰金的なものも払わなければならない。

過少申告加算税というのは、課税漏れしていた金額に10%を掛けるものである。たとえば１００万円の課税漏れがあれば、10万円の過少申告加算税ということになり、追徴税額は１１０万円になる。この過少申告加算税は不正など悪質ではない課税漏れに対して掛けられるものだ。税法の解釈誤り、計算誤り、記載誤りなどがあった場合である。

重加算税とは、課税漏れしていた金額に35%を掛けるものである。た

とえば100万円の課税漏れがあれば、35万円の重加算税ということになり、追徴税額は135万円になる。これは、不正があり、悪質な課税逃れと認められる場合に掛けられるものである。悪質な課税逃れというのは、経費を仮装したり、収入を隠蔽《いんぺい》したりすることだ。

脱税は、最悪、刑務所に入ることもある

また悪質な課税逃れの額が、1億円以上になる場合、そして悪質度が高い場合は追徴税を払うだけでなく、起訴されて刑事罰を受けることになる。最悪の場合は、刑務所行きである。法律用語的には、「脱税」というのは、起訴されたものをいうのだ。こういう事案は一般の税務署ではなく、マルサと呼ばれる国税局調査査察部や検察が取り扱うことになる。

ただし、サラリーマンの場合は、マルサが動くようなことはまずないといえる。所得税ならば、マルサどころか、税務署の調査もほとんどない。サラリーマンの場合、脱税のしようがほとんどないので、扶養控除がおかしいとか、書類の添付のミスなど、税務署の指摘は、せいぜいそういうものである。そういうものは、調査などはせずに税務署への「呼び出し」が行われる。「呼び出し」とは、税務署の職員が、申告をめぐって不審な点があるものについて、納税者を呼んで確認するという作業である。

しかし、課税漏れがあった場合は、単なる「呼び出し」であっても、追徴税はしっかり取られる。

第4章

給与所得者も副業で大幅節税!!

34 事業の赤字を給料から差し引いて、所得税を還付する方法

副業で事業を起こせば、サラリーマンも自営業者のように必要経費を使えるようになる!!

サラリーマンやOLなどの給与所得者でも、自営業者のように自分で必要経費を増やして、税金を調整する方法がある。自分で事業を起こせばいいのだ。事業者になってしまえば、給料から天引きされている税金を取り戻せるばかりか、支払ってきた消費税を還付してもらうことさえできるのだ。

事業を起こすなんてできるわけないと思うのは早計である。現在はSOHOで副業をしている人も多く、ちょっとした副業はインターネットですぐに始められる。それを事業として申告すればいい。

副業を事業ということにすれば、家賃、パソコンなどの購入費（高額の場合は固定資産として計上しなければならない場合もある）、通信費（電話代、携帯電話代など）、研究費（書籍購入費など）、交際費、光熱費、ガソリン代などさまざまな費用が経費となる。ただ家賃、光熱費、ガソリン代などは生活に使った分との割り振りが必要となる。

「事業」で月数万円の収入があったとしても、ほとんどの場合赤字となり、その赤字分を給与で得た所得と差し引きできるので、源泉徴収された税金がもどってくることになる。

副業を事業化するには、特別な手続きは必要ない。単に事業分を含めた確定申告をすればいい。ただし確定申告をする際には、事業に関して簡単な収支計算をしなければならない。

あまりやり過ぎれば税務署からお咎《とが》めを受けることにも

収入が少なければ、「これは事業とはいえない」などと税務署からはねられる恐れもある。

しかしSOHOの事業は、いつ巨大化するかわからないのだから、あくまで事業だといい張れば、税務署が対抗する方法は今のところないといえる。

ただし、事業規模の割に赤字をあまり多くすると、税務署も大人しくはしていない恐れもあり、あまりやり過ぎないことも肝要である。また申告書は、納税相談に行かずに自分で作成するべきだ。

副業でサラリーマンでの源泉税を還付

A氏は入社8年目のサラリーマン。年収は５００万円。会社の仕事にも、収入にも満足していたが、何か別のことをしたいとも考えていた。

あるときインターネット関連の仕事をしている友人から、下請けの副業をしてみないかと誘われた。副業をすれば、節税にもなるという。

A氏は、友人の誘いに応じることにした。事業は、年間売上が１５０万円程度だったが、経費は２００万円ほどかかった。自分のマンションを事業のスペースとしたため、家賃の３分の１を事業の経費に入れたり、光熱費等も、事業用と自家消費を按分して経費化した。接待交際費なども、必要な場合は使った。

副業で50万円の赤字が出たので、所得税率10%のA氏は、所得税で5万円の税金が還付された。さらに、翌年の住民税が数万円安くなる。両方合わせると10万円前後の節税となった。

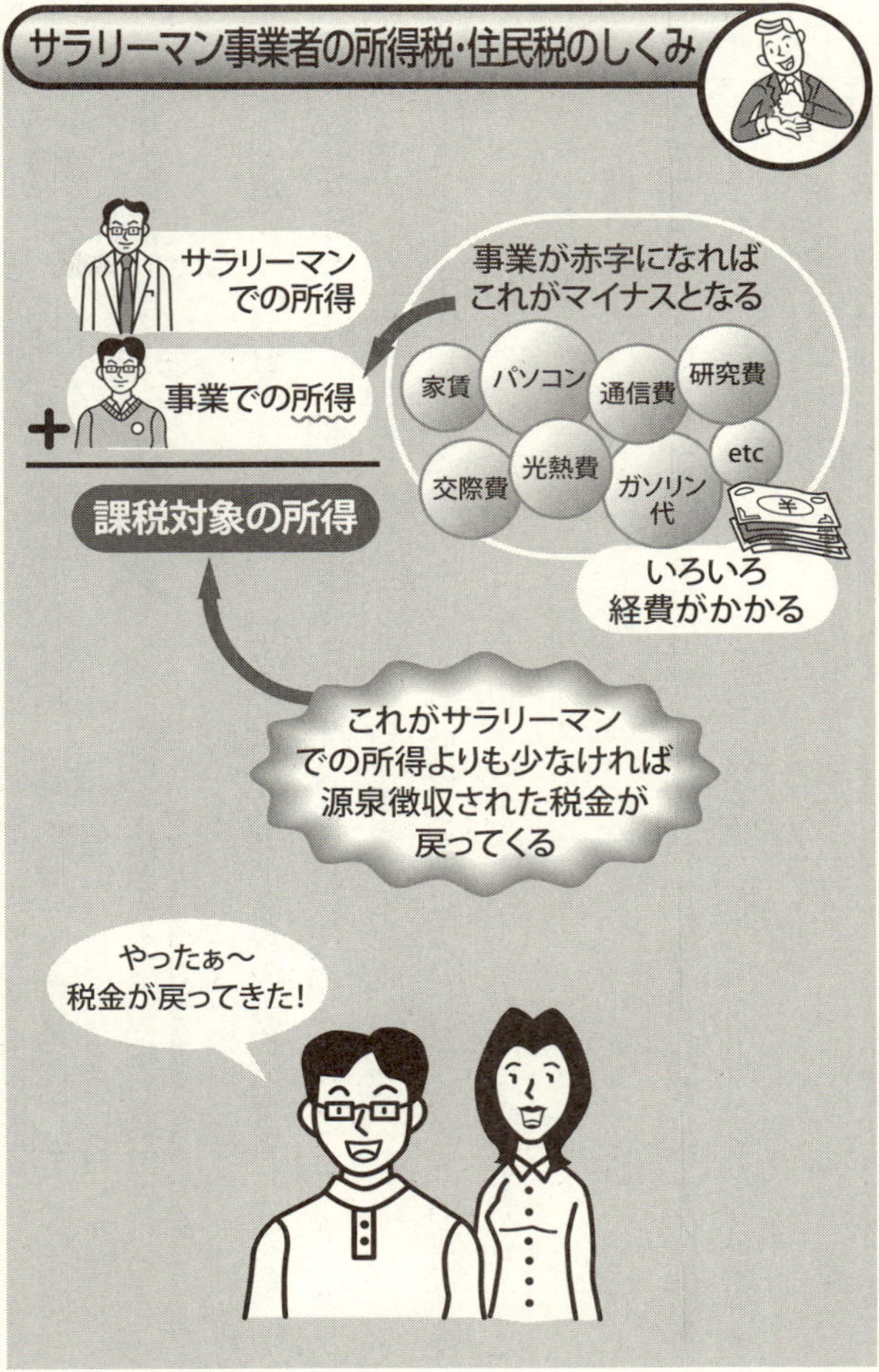
サラリーマン事業者の所得税・住民税のしくみ
サラリーマンでの所得
事業での所得
事業が赤字になればこれがマイナスとなる
家賃
パソコン
通信費
研究費
交際費
光熱費
ガソリン代
etc
いろいろ経費がかかる
課税対象の所得
これがサラリーマンでの所得よりも少なければ源泉徴収された税金が戻ってくる
やったぁ〜税金が戻ってきた!

35 消費税の課税事業者になれば消費税が還付される

副業で事業を起こして課税事業者になれば、マンションを買ったときの消費税も還付される!!

給与所得者が、SOHOなどで事業主になった場合、消費税の課税事業者となるか、免税事業者となるか、という問題が生じる。課税事業者とは消費税を納める事業者であり、免税事業者というのは、消費税は納めなくていい事業者のことだ。

売上が1000万円以下の事業者は消費税の免税事業者になれるのだが、「消費税課税事業者届出書」を出せば、売上1000万円以下の事業者でも自発的に課税事業者となることができる。

消費税を納めなくていいのなら、それが一番いいと思う人もいるかもしれないが、必ずしもそうではない。というのは消費税は、「売上の消費税－仕入れ（経費含む）の消費税」の残った分を納付することになっており、もしその計算が赤字になれば、その分が還付されるからだ。

また消費税は、事業収支では、その年の経費としては認められない固定資産などでも、消費税の支払いがあれば還付の対象となる。

たとえばマンションを買って、その30%を事業に使っているとする。マンションの消費税が100万円とすれば30万円の消費税が還付される。実際に、立ち上げたばかりの会社などでは、初めの数年間は莫大な消費税還付を受けているところも多いのだ（中にはそのまま消えてしまう会社もある）。この制度を上手に使えば、かなり大きな儲けとなる。

消費税の課税事業者になるには、事業規模は関係ない

また消費税の場合は、前項のように事業規模が小さいからといって、税務署から難癖をつけられる恐れはまったくない。1円でも消費税の課税対象となる収入があれば、消費税の課税事業者となれるからである。

だから、SOHOなどを小規模で始めたとき、所得税の還付は、税務署から文句をいわれそうだからやめておくことがあったとしても、消費税の還付だけは、ぜひ受け取っておきたい。

独立開業の準備をしながら消費税を還付してもらう

A氏は年収５００万円のサラリーマン。

A氏はつねづね自分で事業を始めたいと思っていたが、会社をやめる勇気はなかったので、まず副業として始めることにした。

A氏は事業を開始するに際して、法人化し、消費税の課税事業者の選択をした。

A氏は、ちょうどその頃、マンションを買う予定だったので、マンションの部屋の半分を事業として使うことにした。マンション購入で支払った消費税は１００万円。そのうちの半分の50万円が事業の中で支払った消費税ということになる。

A氏の事業の1年目の売上は、２００万円、受け取った消費税は10万円だった。経費は１５０万円かかり、支払った消費税は7万５０００円。それに、マンション購入で支払った消費税50万円を加えて、支払消費税は57万５０００円となった。受け取った消費税と差し引きして、47万５０００円の消費税が還付された。

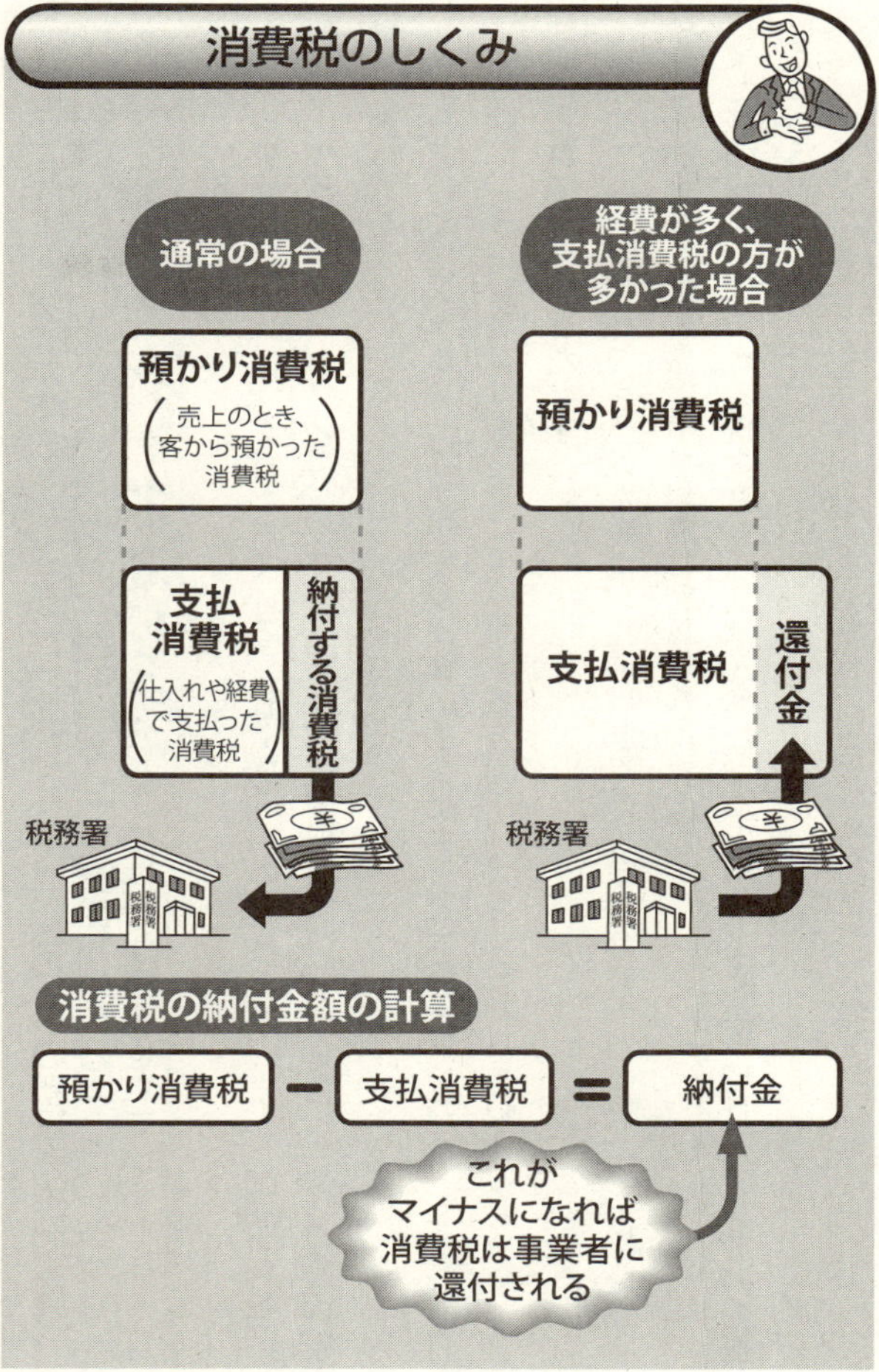
消費税のしくみ
通常の場合
預かり消費税
（売上のとき、客から預かった消費税）
支払消費税
（仕入れや経費で支払った消費税）
納付する消費税
税務署
経費が多く、支払消費税の方が多かった場合
預かり消費税
支払消費税
還付金
税務署
消費税の納付金額の計算
預かり消費税 − 支払消費税 ＝ 納付金
これがマイナスになれば消費税は事業者に還付される

36 見逃すな！ 投資家には大減税が行われている!!

平成15年からの新証券税制では、投資家が増えるように、非常な優遇策が実施されている!!

今、投資家には、大減税が行われている。社会保険料の相次ぐ値上げや、配偶者特別控除の廃止など、サラリーマンにとっては、実質的な増税が続いている中にあって、投資家は超特別待遇を受けているのである。

だからといって、サラリーマンが安易に株に手を出すことは危険であろう。しかし、日本の税制は、今、貧者よりも富豪に手厚くする方向に、大きく変わりつつあるということは頭に入れておくべきだ。

具体的にいえば、株でもうけた金は、以前は26％の税金が課せられていたが、平成15年から平成23年までは10％、それ以降は20％となったのだ。

また株の配当金にかかる税金も、以前は20％だったのが、平成23年12月31日までの期限付きであるが、10％になった。

株で損をしたら3年間繰り越せる

また株で損をした場合、その損失を3年間は繰り越すことができるようになった。たとえば、平成20年に１００万円の損、平成21年に30万円の利益、平成22年に20万円の利益、平成23年に50万円の利益が出た場合、相殺されて、利益はゼロとなるため、４年間税金はかからないことになるのだ。

また、これまでは上場株式などを証券会社を通して売却した場合に、売却代金の１·０５％（転換社債は0.5％）を証券会社が源泉徴収することで、確定申告などをせずに課税関係を完結することができる源泉分離課税があったが、これが廃止され、申告分離課税に一本化された。

株の譲渡益の計算は、証券会社に特定口座を作れば済む。また源泉徴収を申し込めば申告と納税まで、証券会社でやってもらえるようにもなった。

とにかく、少しでも株を買ってほしい、株価を上げたいため、投資家に対しては、いたれりつくせりの政策が行われている。サラリーマンも、株の勉強などを始めてみるのも、一考ではないだろうか。

株を売って利益を得たときの税金は

平成14年まで

どちらか選択

- 株の**売却額**の**1.05%**を源泉徴収
- 株の売買の**利益**に対して**26%**の税金を支払う

平成15年以降

証券会社を通して売買すれば、
株の売買の**利益**に対して
10%（平成24年以降は20%）の税金を
支払う。証券会社を通さなければ26%

株の損の３年間繰り越しとは

	新証券税制	平成14年までの制度
平成20年	－100万円（税金０）	－100万円（税金０）
平成21年	＋30万円（税金０）	＋30万円（税金７万8000円）
平成22年	＋20万円（税金０）	＋20万円（税金５万2000円）
平成23年	＋50万円（税金０）	＋50万円（税金13万円）
税金合計	**０円**	26万円

株を始めれば投資家の優遇が実感できる

A氏は、サラリーマン5年目。小遣いのほとんどはパチンコに消えていた。

ある日先輩から、パチンコをするくらいなら、株をやってみろと勧められた。先輩によると、パチンコは運だが、株の場合は、自分の努力がある程度反映されるし、株取引をすれば、世の中の動きがわかるということだった。また投資家というのは、最近、税制上、非常に優遇されているのだという。

株を始めて1年目、A氏は50万円の損を出してしまったので、損を繰り越すために確定申告をした。2年目の今年、A氏は30万円の利益を上げている。去年の50万円の赤字が繰り越せるので、今年は50万円の儲けまでは、税金がかからない。もし会社から50万円のボーナスをもらえば、10万円近くが税金や社会保険料に必ず取られてしまうことと比較すれば、確かに、投資家というのは、税制上優遇されているのだなと、A氏は実感している。

37 アルバイト代は申告するべきか

サラリーマンがアルバイトをした場合は、申告をしなければならない。還付になるか追納になるかはケースバイケース。

最近は、サラリーマンでもアルバイトをしている人が多いようだが、アルバイトで得た収入を申告しないで大丈夫か、という疑念を持っている人も多いだろう。

税法上からいうならば、2ヵ所以上から給与収入を得ている場合は、原則として確定申告をしなければならない。しかし、申告するのが面倒くさかったり、新たに税金を取られるんじゃないかと思って、躊躇《ちゅうちょ》している人もいるだろう。

サラリーマンがアルバイトをした場合、税金は新たに取られるのだろうか、還付になるのだろうか。

まず、アルバイト先で源泉徴収されていない場合は、税金は新たに納めなくてはならないだろう。源泉徴収されていなければ、税金の前払いはないのに全体の収入が増えるので、まず間違いなく追加の税金を納めなくてはならない。

一方、アルバイト先で源泉徴収されていた場合はどうかというと、これは微妙なところである。

アルバイト代が毎月10万円程度なら、５％前後の源泉徴収をされているはずだ。しかし、アルバイト代が毎月20万円前後では、８％程度の源泉徴収をされることになる。

所得税最低税率（５％）の人の場合は、だいたい実際の給料に対して３％の所得税がかかることになるので、アルバイト代が月10万円程度なら、新たな納税の可能性があり、20万円前後なら、還付の可能性があるということになる。

短期間高収入のアルバイトをしたら

しかし、アルバイト代を毎月20万円以上もらっている場合、その期間が長ければ、所得税率が上がる恐れがあり、申告をすれば、新たに税金を納めなくてはならないということになる。またアルバイト代が日払いされている場合も、源泉徴収額が変わってくるので、追納か還付かを判断するには、自分で申告書を作成してみるのがもっとも正確である。

会社にばれないように副業をするには

会社の中には、副業を禁止しているところも多い。しかし、もし副業をして確定申告をすれば、翌年の住民税が変わってくるために、会社にはばれてしまう。

そこで、会社にばれないようにする方法を紹介しよう。

住民税の徴収方法には、普通徴収と特別徴収がある。普通徴収というのは、自分で住民税を払うことである。一方、特別徴収というのは、会社の給料から源泉徴収することである。

確定申告には、住民税の徴収方法を選択する欄があり、普通徴収に○をつければいいのだ。そうすれば、会社を通して住民税を徴収されずに、自分で住民税を払うことになる。

しかし、なぜ普通徴収にしていたのか、ということを会社から聞かれ、追及されればばれる恐れはある。追及された場合は、少し不動産収入がある、などと逃れるしかないだろう。

新たに納税か還付になるか調べよう！

●「所得税最低税率（５％）＝実際の給料に対して３％の所得税」の人の場合

アルバイト代が**毎月10万円**前後 ⇒ 源泉徴収は３％くらい ⇒ 新たな納税の可能性あり

アルバイト代が**毎月20万円**前後 ⇒ 源泉徴収は8%くらい ⇒ 還付の可能性あり

長期

アルバイト代が**毎月20万円**前後 ⇒ 新たな納税の可能性がある

日払いの**アルバイト** ⇒ 新たな納税の可能性がある

38 副業で大家になれば大幅節税

不動産業は、地主や金持ちだけのものではない。サラリーマンは、不動産業にうってつけなのだ。

サラリーマンが貸家や貸アパートなどの不動産業をする場合、税金が還付されることが多いというのは、バブル期の高額マンション処理方法で述べた（P.72参照）。ここでは一歩進んで、不動産業を自ら行うことで節税となる方法を紹介しよう。

貸家や貸アパートなどは、地主や金持ちのすることと思ってはならない。サラリーマンというのは、実は不動産業に非常に合っているのだ。

まずサラリーマンは、定収入があるので、無理な投資をしなくていい。

そして、不動産の賃貸業というのは、一日始めてしまえば、日常的にはあまりすることがないので、忙しいサラリーマンでも可能なのである。さらに、サラリーマンというのは、ローンを簡単に組むことができるので、不動産に投資することは、自営業者よりも楽な場合が多いのだ。

賃貸物件を建てるときにお金を借りる場合、頭金はすべて土地代に回すべきである。もしくは、土地は賃貸か借地権などにして、安く抑えるべきだ。なぜかというと、土地に関する借入金の利子は、経費として損益通算することができないからだ。

不動産業で出た赤字と給料の所得

P.72で述べたように、不動産の賃貸業を行った場合、支払利息や減価償却費が経費とできるため、ほとんどの場合、赤字となる。その赤字分を給与所得から差し引くことができるため、源泉徴収された税金がもどってくるのだ。

またもし収入が多くて、赤字にならなければ、節税はできないが、家計にとっては節税よりもいいはずだ。

ただし、まったく収入の見込めない貸アパートを建てても、意味がないのは当然である。サラリーマンで定収入があるのだから、じっくり検討して、確実にある程度の収入が見込める物件を探すことが第一である。

サラリーマンのアパート経営は節税と年金代わり!!

A氏は40歳、年収は６００万円。結婚はしているが、子どもはいない。A氏は、年金は今後どうなるかわからないし、将来のことを、なんとかしたいと思っていた。

そんなとき、知り合いの不動産屋にアパート購入を勧められる。今の金利が低いときにアパートを建てて、定年を迎える時にローンを払い終わるようにすれば、アパートの家賃が年金代わりになるじゃないかと。そして、アパート経営をすれば、節税にもなるという。A氏は子どももおらず、高い税金を払っているので、もどってくる税金も大きいのだという。

アパートは、土地と建物の総額で５０００万円だった。A氏は、１０００万円の貯金を下ろして、４０００万円のローンを組んだ。ローン分は家賃で賄《まかな》えるし、若干のおつりもくる。減価償却費や支払利息だけで、初めの10年くらいは赤字になる計算だった。初年度は、50万円の赤字で、所得税、住民税を含めると、15万円の節税になった。

サラリーマン大家のメリット・デメリット

メリット

- 赤字が出た場合、給料の所得と相殺できるので節税になる。
- 生活の基盤となる収入はあるので、無理な投資をしなくていい。
- 副業を禁止している会社でも、アパート賃貸などは大目にみてくれる。
- 将来の年金代わりともなり、相続税対策にもなる。
- 担保を持たない自営業者よりはお金を借りやすい。

デメリット

- 不動産業に集中できない。
- 規模を大きくできにくいので、青色申告はなかなか受けられない。

ぼくは
サラリーマンの
節税に役に立って
いるんだね

COLUMN④

脱税は密告から発覚することも多い‼

脱税は、どのようにして見つかるか、ということに興味を持っている人も多いだろう。

国税庁、税務署というのは、脱税摘発のために、ありとあらゆる情報を集めているのだが、その中でも大きな部分を占めているのが「密告」である。

国税庁、税務署というのは官庁の中では内部告発をもっとも歓迎しているところである。他の官庁と違い、密告があっても、全然対応せずに放置するなどということはない。密告があれば、その情報は資料化され、間違いなく調査に利用される。それはどんな小さな情報でも、である。

たとえば、「あの人は脱税しているらしい」などという、やっかみか憶測に過ぎないような情報さえ放置されることはないのだ。

長者番付の発表は密告を促すため

過去行われていた「長者番付の発表」も、実は市民からの密告を促すために始められたものなのだ。長者番付に載っていないけど、裕福な生活をしている人を、市民に密告してもらおうというわけだ。以前は、密告者に対する報奨金などもあった。

密告は、親族からのものも結構多い。これは相続税がらみのもので、親族の誰かが遺産を独り占めしていないか、と疑っている人が、税務署に調査してもらって遺産の全貌を明らかにさせようという意図を持ってなされるのだ。

密告というのは、嫉妬ややっかみ、逆恨みなどから行われることが多い。密告をされないためには、周囲が気を悪くするような振る舞いをしないことである。

また間違っても「自分は脱税をして成功している」などと人にいったりしないことだ。信じられないかもしれないが、脱税をしている人というのは、それを自慢したりすることが結構多いのだ。

もちろん、誰に何を密告されても、恥じることのない生活を送ることが、まず第一である。

また逆に、リストラされた会社に一泡吹かせたい気分になったときは、税務署に脱税の密告をすることが、もっとも即効性のある復讐方法だといえる。

第5章

サラリーマンの妻の税金も大切!!

39 パートの主婦の税金還付作戦

パートの主婦は税金還付を忘れがち。年間給料が103万円以下なら間違いなく税金が戻ってくる。

昨今のサラリーマンの経済事情悪化にともない、パートをしている主婦の方も多いようだ。主婦のパートの場合、最近では給料から税金が源泉徴収されていることも多い。しかし、会社で年末調整までされていることは少ないようだ。

源泉徴収していないと税務署はうるさく指導するが、年末調整は税金の還付になることが多いので、税務署はうるさくいわないのである。

源泉徴収というのは、税金の前払いである。そして、だいたい毎月多めに引かれていて、年末調整で精算するという形を取っているので、年末調整をしていない場合は、税金が還付される可能性が高いのだ。特に、ほかに収入がないパートの主婦などは、そうである。また、学生バイトなども同様だといえる。

源泉徴収票を見て税金還付判断

1年を通じてパートをしていても、年末調整をしてない会社は多々ある。会社が全部やってくれていると早合点しないで、確認してみよう。年末調整をしているかどうかは、年末にもらう源泉徴収票を見ればわかる（P.183図の通り）。

パートの年間給料が103万円以下ならば、税金は間違いなく還付される。また103万円超の給料をもらっていても、年末調整されていなければ、税金が還付される可能性が高い（9割以上の人が還付になる）。しかし税金が還付になるかどうかは、実際に自分で計算してみるのがもっとも正確だ。

また年度の途中で会社をやめた人も、年末調整をされていない場合は還付になる可能性が高い。

年末調整しているかどうかは、パートの場合と同じように源泉徴収票を見ればわかる。通常は会社から年末に源泉徴収票が送られてくるが、もし送られてこなかった場合は、会社に問い合わせて送ってもらい、すぐ明細を確認するべきだ。

年末調整しない主婦が確定申告で5万円超の還付

主婦のA子は、パートでスーパーの従業員をしていた。

毎月10万円程度の給料をもらっていた。給料からは、毎月５５００円の税金が引かれていた。

10ヵ月ほど働いたが、年末に体を壊してやめてしまった。

夫から、「パートの給料は、年末調整を受けていないのだから、税金が還付になるんじゃないか」といわれた。働いていたスーパーに問い合わせてみると、やはりスーパーでは、パートやアルバイトの年末調整はしておらず、自分で確定申告をしてほしいとのことだった。

そこで、会社から源泉徴収票を送ってもらい、税務署に行って確定申告をすることにした。

A子の年収は１００万円弱であり、税金はかからない。そのため、給料から源泉徴収されていた５万５０００円が、全額還付された。

年末調整はされている？

年末調整されている源泉徴収票

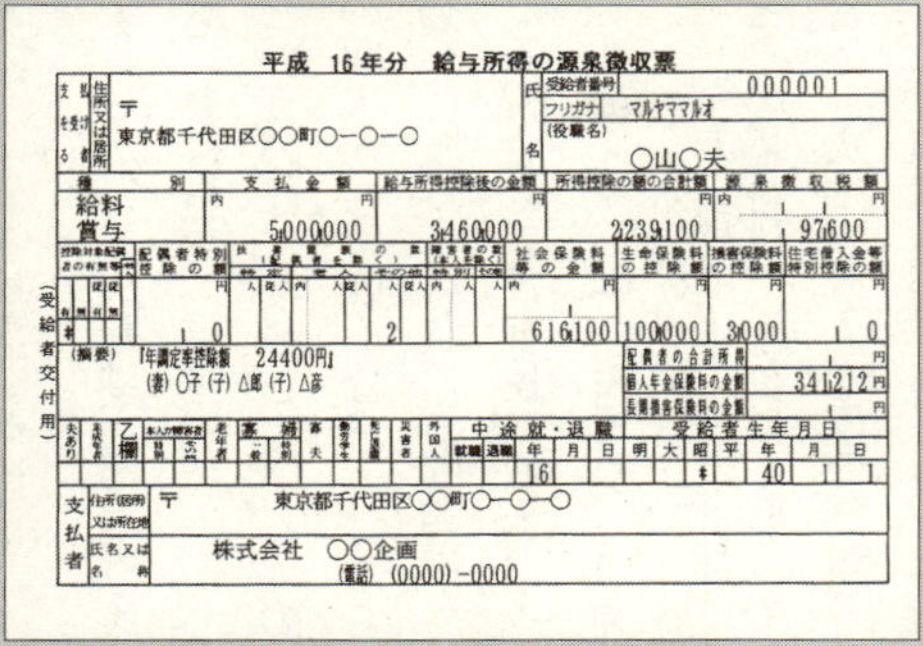

平成　16 年分　給与所得の源泉徴収票

支払を受ける者　住所又は居所：〒 東京都千代田区〇〇町〇―〇―〇
氏名：受給者番号 000001　フリガナ マルヤママルオ　（役職名）　〇山〇夫

種別	支払金額	給与所得控除後の金額	所得控除の額の合計額	源泉徴収税額
給料 賞与	5,000,000円	3,460,000円	2,239,100円	97,600円

控除対象配偶者の有無等	配偶者特別控除の額	扶養親族の数（配偶者を除く）その他	社会保険料等の金額	生命保険料の控除額	損害保険料の控除額	住宅借入金等特別控除の額
	0円	2人	616,100円	100,000円	3,000円	0円

（摘要）『年調定率控除額　24400円』
（妻）〇子（子）△郎（子）△彦

配偶者の合計所得　円
個人年金保険料の金額　341,212円
長期損害保険料の金額　円

中途就・退職　年 16
受給者生年月日　昭 40年1月1日

支払者　住所（居所）又は所在地：〒 東京都千代田区〇〇町〇―〇―〇
氏名又は名称：株式会社　〇〇企画　（電話）（0000）-0000

年末調整がされていない源泉徴収票

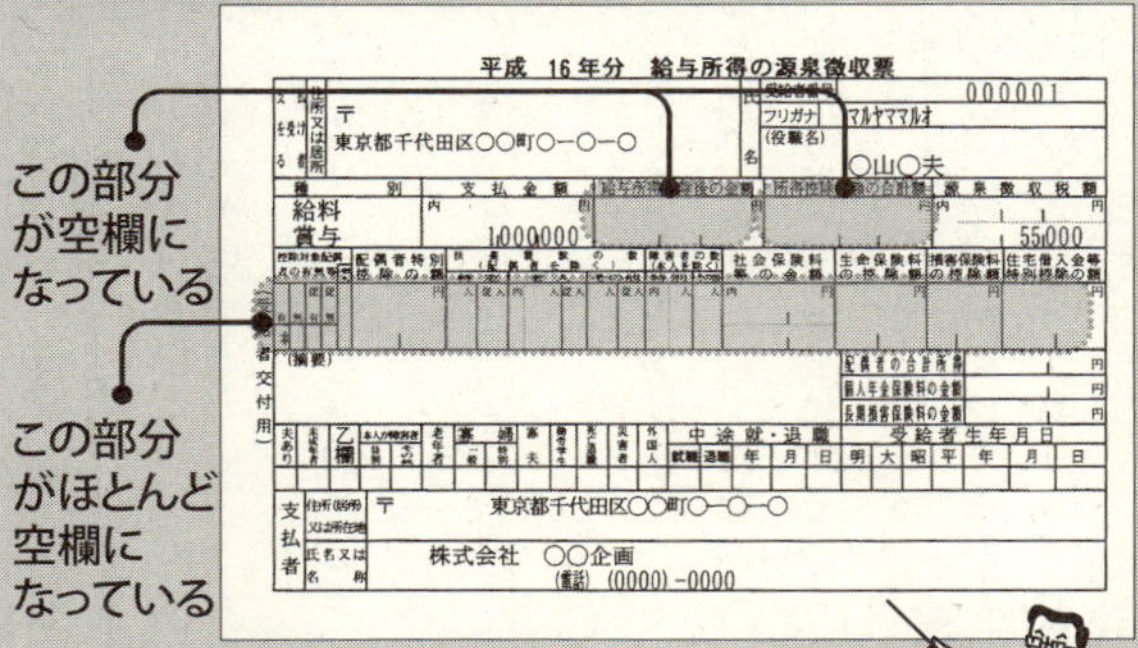

平成　16 年分　給与所得の源泉徴収票

支払を受ける者　住所又は居所：〒 東京都千代田区〇〇町〇―〇―〇
氏名：受給者番号 000001　フリガナ マルヤママルオ　（役職名）　〇山〇夫

種別	支払金額	給与所得控除後の金額	所得控除の額の合計額	源泉徴収税額
給料 賞与	1,000,000円			55,000円

（摘要）

配偶者の合計所得　円
個人年金保険料の金額　円
長期損害保険料の金額　円

支払者　住所（居所）又は所在地：〒 東京都千代田区〇〇町〇―〇―〇
氏名又は名称：株式会社　〇〇企画　（電話）（0000）-0000

この部分が空欄になっている
この部分がほとんど空欄になっている

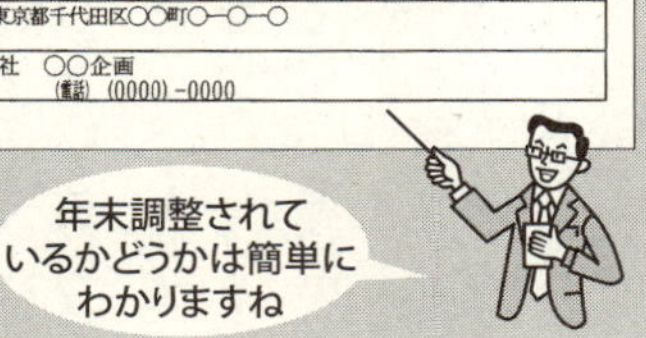
年末調整されているかどうかは簡単にわかりますね

40 夫婦共働きの扶養控除のコツ

子どもを夫の扶養に入れるのが当然ではない。夫婦共働きの場合、子どもの扶養はどちらでもいい。

共働きで子どもがいる夫婦は、何も考えずに子どもを夫の扶養に入れてしまっている場合も多いが、これは得策ではない。

扶養控除というのは、扶養している人の収入から控除されるという建前になっている。別に世帯主の収入から控除しなければならない、ということはない。夫婦共働きの場合、子どもの扶養をどちらに入れても問題はないし、もっとも有利な方法をとっていいのだ。

所得にかかる税金は累進課税《るいしん》（収入が多くなると税率が高くなる）になっている。そのため、夫婦共働きの場合は、なるべく夫婦の所得が均等になるようにするのが、節税のポイントだ。

子どもひとりの場合は、単純に、収入の多い方の扶養に入れておいた方がいい。子どもふたりの場合で、夫婦の収入がほぼ同じ（40万円以上の差がない）場合は、子どもは分散して扶養すると節税になる。

所得税の税率が高くなるのは、サラリーマンならば年収500万円前後からだ。もし、夫婦ともに500万円程度の収入を得ていて、子どもをふたりとも夫の扶養控除の対象にしていた場合、夫の税率は1割、妻の税率は2割となる場合もある。

扶養を分散すれば10万円以上節税

前にも述べたが、所得税は累進課税となっているので、扶養を分散するのとしないのとでは、10万円単位で税金が違ってくることもある。

扶養を分散する方法は簡単だ。年始に会社へ提出する「扶養控除等申告書」に、夫婦それぞれが記入するだけだ。会社に扶養控除等申告書を提出してしまっていても、年末調整の前であれば、「扶養控除等(異動)申告書」を会社に提出すればいい。

また年末調整がすでに済んでいる場合でも、確定申告をすれば訂正することができる。その場合は、自分で確定申告書を取り寄せて、扶養控除を訂正して申告すればいい。簡単な手続きで節税の可能性が生まれるのだ。

子どもの扶養を夫婦で分散して3万円の超節税

A夫妻は共働きで、夫は480万円、妻は500万円程度の収入があった。子どもはふたりいるが、扶養はふたりとも夫の方に入れていた。

年末に、夫婦で源泉徴収票を見ていると、妻の税金が夫よりもかなり高いことに気付いた。子どもの扶養をふたりとも夫に入れているので、妻の税金の方が高くなるのは当然だが、夫婦の間で10万円以上も差があるのだ。

妻は疑問に思って、会社の経理担当者に聞いてみた。すると、妻の収入は、ちょうど税率が20%に上がるところにあるので、税率が10%の夫よりも、税金がかなり高くなっているとのことだった。そして、夫に入れている子どもふたりの扶養を、夫婦でひとりずつ扶養することにすれば、妻の税率も10%のところに下がる、とのことだった。

さっそくA夫妻は、子どもの扶養を夫婦でひとりずつにした。所得税は、夫婦の合計で、3万円程度安くなった。

夫婦共働きなら有利な扶養控除をさがそう！

子どもがふたりいる共働き夫婦が、子どもの扶養を分散したときの例

夫婦ともに500万円程度の給与をもらっている場合

子どもをふたりとも夫の扶養にした場合

	所得	所得税
夫	290万円	29万円
妻	366万円	40万円
夫婦の所得税の合計		**69万円**

夫婦で子どもをひとりずつ扶養にした場合

	所得	所得税
夫	328万円	32万8000円
妻	328万円	32万8000円
夫婦の所得税の合計		**65万6000円**

３万4000円も節税になる

41 夫婦共働きのマイホーム節税

夫婦共働きのマイホーム購入は、基本的には、家の名義もローンの名義も夫婦共同にすること。

マイホームを買って、住宅ローン控除を受ける場合、夫婦共働きならば、注意しなくてはならない点がある。

マイホームはどちらか一方の名義にするのではなく、名義を分けて双方で住宅ローン控除を受けた方が、節税になる可能性が高いということだ。

住宅ローン控除は、夫婦のうちどちらかだけが受けられるものではない。夫婦共同でマイホームを購入し、共に住宅ローンを背負っているということにすれば、夫婦ともに控除を受ける資格が生じるのだ。ひとり当たりの控除額は少なくなるが、夫婦全体の税金を見れば得になるケースが多いのだ。

昨今の税制改正で、住宅取ローン控除は住民税からも引けるようになったので損得が生じないケースもあるが、基本的には夫婦共働きの場合は、夫婦で分散した方が得である。

自分の払う税金よりも、控除額の方が多くなると損になる

住宅ローン控除は、住宅取得のためにローンを組んだ場合に、ローン残高の1%が、「所得」ではなく「税金」から控除される。住宅ローンの借入残高が2000万円あれば、20万円の節税となる。30代、40代の所得税の額は、だいたい20万円程度なので、もし、住宅ローンの借入残高が2000万円以上あれば、所得控除額の方が所得税額を上回ってしまうことも多い。自分が払った税金以上に、税金の控除はできないので、自分の所得税、住民税より住宅ローン控除額が大きければ、余った控除分は捨ててしまうことになる。

しかし夫婦でともに住宅ローン控除を受ければ、控除額が余ることなく丸々使えることになるのだ。ただし夫婦の収入がかけ離れている場合、もしくは、妻（夫の場合も）に所得税の支払いがない場合や極端に少ない場合は、分散するよりも、どちらか一方にした方がいいこともある。

夫婦両方が住宅ローン控除を受けるには、マイホームの名義を、夫婦で1/2ずつにし、借り入れは、連帯債務者（連帯保証人は不可）に妻の名義を入れておく。そして、夫婦が両方とも確定申告をすればOKである。

住宅ローン控除を夫婦で受けて20万円の節税

A夫妻は共働き。夫婦それぞれ、４５０万円程度の収入があり、所得税は20万円程度。今度、A夫妻は、４０００万円のローンを組んで、マイホームを買うことにした。住宅建設会社の営業マンから、夫婦共働きならば、ローンは夫婦で連帯債務者になって、家と土地の名義を夫婦で半分ずつにすれば、住宅ローン控除がふたりとも受けられるということを聞いた。

A夫妻は、営業マンのいう通りにした。住宅ローン残高の１％の控除額をふたりで半分ずつ分けることになった。所得税を20万円ずつ夫婦ともに控除されたため、夫婦の所得税はともにゼロになった。

もし営業マンの助言がなかったら、家は夫ひとりの名義にする予定だったため、40万円が、夫ひとりの所得税から控除されるだけだった。その場合、夫の所得税は20万円しかないので、控除し切れない控除額は、捨ててしまうところだったのだ。

共働き夫婦の住宅ローン控除とは

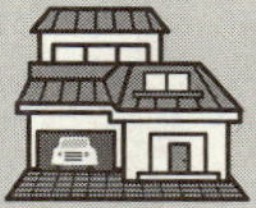

所得税をそれぞれ20万円ずつ払っている共働き夫婦が、4000万円のローンを組んで住宅を購入した場合

夫の名義で購入した場合の夫婦の所得税

	所得税		住宅ローン控除		
夫	20万円	−	40万円	＝	0円
妻	20万円	−	0円	＝	20万円

夫婦の所得税の合計　**20万円**

夫婦 $\frac{1}{2}$ ずつの名義で購入した場合の夫婦の所得税

	所得税		住宅ローン控除		
夫	20万円	−	20万円	＝	0円
妻	20万円	−	20万円	＝	0円

夫婦の所得税の合計　**0円**

42 SOHO主婦の税金対策

主婦のSOHOは節税の方法がいっぱい。上手に使って、たくさん小遣いをためよう!

最近、SOHOなどで、主婦が事業を始めるケースも増えているようだ。また、始めてみようという人も多いだろう。

SOHO等の事業を始める場合、税金の問題で、まず忘れないでおきたいのが、消費税である。P.160で述べたように、消費税は、売上が1000万円以下の事業者は免税事業者になれるのだが、「消費税課税事業者届出書」を出せば、売上1000万円以下の事業者でも課税事業者となることができる。

事業を始めた当初は、設備投資などが必要なため、売上でもらえる消費税よりも、事業のために支払った消費税の方が大きくなることが多い。たとえば、パソコン、ソフトの購入、参考書籍類の購入など。それらで支払った消費税が、課税事業者になると還付されるのだ。その年の売上が一銭もなくても、事業者の還付消費税はもらえるのである。

SOHOの年収100万円程度の場合

また、主婦がSOHOを始める場合、所得税の心配が出てくるが、年収100万円程度までは、所得税はかかってこないと思っていい。SOHO事業の場合、さまざまなものが経費とできるので、100万円程度の収入までならば、所得は30万円程度にしかならないのだ。

たとえば、家賃。これも、家の一部をSOHOのために使っているのだから、按分して経費とできる。これだけで、年間50万円程度の経費は計上できるはずだ。電気代、電話代、ネット代なども、按分して計上できるし、主婦仲間とのお茶代は、交際費などとすることも可能だ。

だから利益が、所得税の基礎控除の38万円を超えることがなければ、所得税はかからないし、夫の扶養からはずれ、配偶者控除が受けられなくなることもない。

また、年間100万円以上の収入があっても、経費をしっかり集めて計上し、所得を38万円以下にすれば、所得税がかかることはない。

コレが実例だ!!

SOHOで収入が100万円あっても税金はゼロ

A子は、3年前に結婚退職をした。すぐに子どもが生まれたために、パートに出ることもままならず、家で育児と家事に専念する毎日だったが、働きたいと思っていた。A子はOLをしていた当時、パソコンを使っていたので、ホームページを立ち上げて、簡単なバーチャル店舗を作ることにした。A子は、SOHOをしている友人から、SOHOを始めるためのいろんな経費を、収入から差し引くことができるので、ちゃんと領収書を取っておくように、というアドバイスを受けていた。

A子は、パソコンの購入費や、研究のための本や雑誌代などの領収書をこまめに残していた。また電話代、家賃、光熱費なども、家事消費分とSOHOの分を按分して経費とした。

その結果、年間の収入は100万円程度、経費は75万円で、所得は25万円になったが、38万円を超えなかったので、税金はかからないし、夫の社会保険や配偶者控除からはずれることもなかった。

主婦のSOHOはなぜおいしいのか
収入
－
経費
＝
所得
これが38万円以下
ならば所得税はかからないし、
夫の配偶者控除からも
はずれない。
38万円が
ポイントね
経費の中に入れられるもの
SOHOで使うパソコン代
SOHOで使う資料代、書籍など
SOHOで使う場所代（家賃の一部）
SOHOで使う光熱費、電話代等
その他もろもろ
SOHOを
しなければ、
家計の中から
出していた
もの
SOHOに関係
するものはすべて
チェック!

43 失業中の夫は迷わず扶養に入れよう

夫婦共働きで、夫が失業中ならば、妻の扶養に夫を入れるべき。妻の社会保険への加入も忘れずに。

昨今では、リストラなどで、夫が職を失っているご婦人も多いようだ。

もし、奥さんがＯＬなどをやっている場合は、失業中の夫は迷わず奥さんの扶養に入れよう。

夫を扶養に入れるのと入れないのとでは、税金がまったく違ってくる。配偶者控除を受けると、最低税率の人でも所得税、住民税を合わせると5万円以上の節税となる。配偶者控除というのは、何も妻だけが受けられるものではない。妻が働き、夫が主夫をしている場合も可能だ。

また、社会保険も同様である。失業中の夫は、妻の社会保険に入れよう。間違っても、夫が自分で国民年金に入ったりしてはならない。サラリーマンの厚生年金は、ひとり分の保険料で、夫婦ふたり分をもらえる資格が生じるありがたいものだ。これは、妻の厚生年金に夫を入れた場合も同じである。

夫が失業保険を受給中であっても、他に収入がなければ扶養に入れることができる。雇用保険は、所得とはみなされないので、税法上は「無所得」という状態なのだ。

また夫が自営業、妻がＯＬなどの場合でも同様である。夫の所得が38万円以下ならば、配偶者控除を受ける資格がある。

男の沽券《こけん》など気にしてられない！

夫を扶養に入れるのは簡単だ。会社に提出する扶養控除等(異動)申告書の扶養する配偶者の欄に、夫の氏名を記載すればいいだけだ。年末調整が終わった後でも、確定申告をすれば扶養控除分の税金の還付を受けることができる。

また妻の社会保険に夫を入れるには、会社にその旨を伝えるだけでいい。

男女平等とはいえ、夫が失業した場合、男の沽券にかかわるということで、妻の扶養に入りたがらないような人も多いようだが、昨今の厳しい経済情勢の中では、そんな悠長なことをいってはいられないのだ。

夫を妻の扶養に入れて5万円以上の節税

A夫妻は、夫婦共働きで子どもはいない。夫は入社してから15年目で、年収は450万円程度だったが、夫の会社が倒産して、夫は職を失ってしまった。夫は雇用保険を受給していたが、職が見つからないまま切れてしまった。妻は、初めは夫を扶養には入れていなかった。夫は、雇用保険を受けていたし、再就職先がすぐに見つかると思っていたからだ。

妻の会社の経理担当者から、「ご主人が求職中ならば、配偶者控除を受けられるので、扶養に入れたらどうか？」といわれた。税金が年間で、5万円以上違うという。また、妻の社会保険に夫を入れれば、夫が新たに社会保険に入らずに済むので、年金保険料だけでも年間10万円以上違う。

夫に相談してみると、少し抵抗があるようだったが、年間30万円近くの節税、節社会保険料になるので、背に腹は替えられないということで了承してくれた。

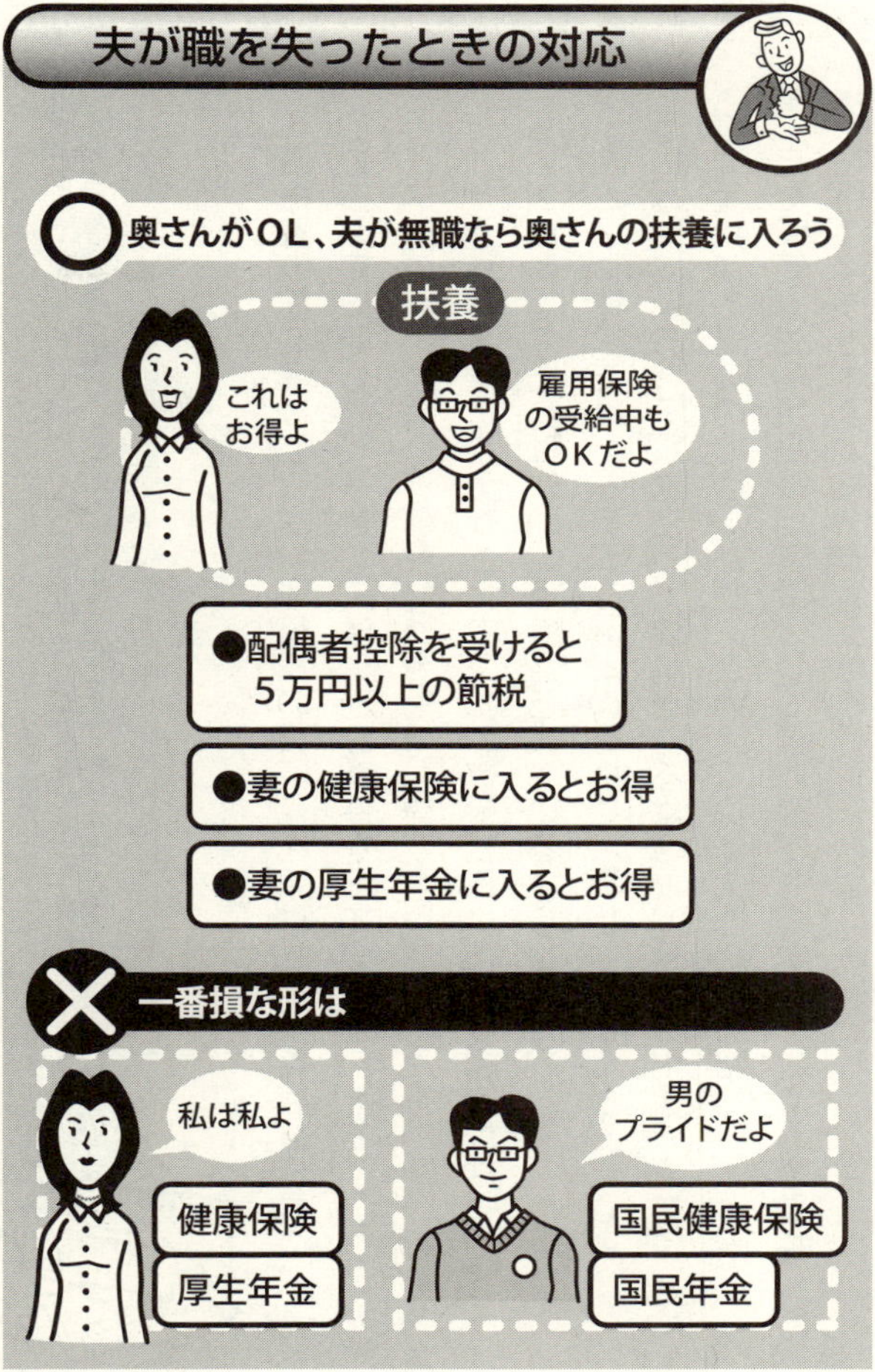
夫が職を失ったときの対応
奥さんがOL、夫が無職なら奥さんの扶養に入ろう
扶養
これはお得よ
雇用保険の受給中もOKだよ
●配偶者控除を受けると5万円以上の節税
●妻の健康保険に入るとお得
●妻の厚生年金に入るとお得
一番損な形は
私は私よ
健康保険
厚生年金
男のプライドだよ
国民健康保険
国民年金

COLUMN⑤

偽《にせ》の領収書では税務署の目はごまかせない！

医療費控除を受けるには、医療費の領収書を添付しなければならない。

この領収書に関して、一般の人は大きな誤解をしているといえる。というのは、「領収書があれば認められる」と思っている人が多いのだ。だから、実際に自分がお金を支払って受け取った領収書ではなくても、領収書さえあればいい、と考える人もいるようだ。

たとえば昨今では、パソコンなどの機能で、精巧なコピーができるようになっている。それを使って偽札を作るように、精巧な偽領収書を作れば脱税ができるのではないか、と考えている人もいるのだ。

また薬局で生活用品などを購入して領収書をもらい、それで医療費控除を受けようとする人もいるようだ。

こういうことは、実際、非常に危険なことだといえる。違法行為というだけでなく、税務署にもっとも見つけられやすい行為であるからだ。

どんなに精巧な偽の領収書でもばれる

税務署員にとって、領収書は精巧だろうと、そうでなかろうとあまり関係ない。偽の領収書を作り、それで脱税するというのは昔からあった。また、偽領収書を売買している闇の業者もいる。そういう手の込んだ脱税者たちを捕まえてきた税務署員にとって、「精巧な偽領収書」は、それほど手強い敵ではないのだ。

税務署員は、領収書そのものよりも、領収書の背景を見る。その領収書の金額や、時期、雰囲気を見て、不審な点がないかどうか判断するのだ。

もし、サラリーマンで、医療費控除をごまかして受けている人がいるとしても、それは、その脱税方法が成功しているとはいえない。サラリーマンの医療費控除などというのは、税務署の扱っているほかの仕事から見れば非常に小さな額である。だから、多少の不審な点があっても、見過ごすことが多いのだ。

しかし、毎年、毎年、同じようなパターンで医療費控除を受けたりしていれば、税務署も黙ってはいないだろう。

また逆に領収書がないからといって、医療費控除を諦めることもない。交通費などは、領収書がないのが普通なので、交通機関を使った日と代金を、まとめてノートにつけておくなどでも認められる。

第6章
給与所得者の さまざまな税金を安くする

44 新築住宅の固定資産税を安くする方法

新築住宅の固定資産税は、見た目で決められる。外装などを後回しにすれば固定資産税が安くなる。

固定資産税というのは、土地や建物などの固定資産にかかる税金だ。土地や建物の所有者に納税の義務がある。

固定資産税は、土地に関しては安くなる余地はあまりないが、建物に関しては安くする方法がある。

固定資産税の税額は、課税標準額×税率で算出される。この課税標準額というのは、市役所の職員が調査して決めるのだ。その建物が豪華に見えれば、課税標準額が高く設定され、それだけ税金が高くなるし、貧弱に見えれば安くなる可能性が高い。

だから新築住宅の場合は、外装、周辺設備などは貧弱な状態で引き渡しを受けて、固定資産税の額が決定してから、いろいろ手直しをしてもらうといい。厳密には、外装、周辺設備なども、固定資産税の対象となるのだが、後から追加したものまでチェックすることはほとんどない。

また建て増しなどに関しても、本来は固定資産税の対象となるのだが、これもほとんど見過ごされているのが現状だ。だから、最低限の住居だけ作っておいて、後で建て増しをするというのも手だ。

固定資産税は、長い間取られる税金なので、初めの評価額が大きく影響する。税額を1万円下げれば、数十万円の節税をすることになるのだ。

評価額に不服があれば申し立てする

また固定資産税の元になる課税標準額の決定に不服がある場合、固定資産評価審査委員会に申し立てをすることもできる。

自分の固定資産の課税標準額は、固定資産課税台帳で見ることができる。また自分の土地、家屋以外の課税標準額も縦覧できるようになっており、自分の固定資産の課税標準額が適正かどうかを確認することもできる。

固定資産課税台帳は、市区役所、町村役場で閲覧でき、閲覧期間は毎年4月1日から4月30日までである。

新築住宅の外装を後にして固定資産税を節税

A氏は、一戸建ての住宅を新築した。

建築業者のセールスマンから、塀や門扉、庭などはなるべく後から整備した方が、固定資産税は安くなると教えられていた。固定資産税は見た目で評価される部分があるので、あまりに立派であれば、高い課税額になってしまうということだった。

A氏はセールスマンにいわれた通りにした。塀や門扉、庭などの整備の４００万円分の工事は、家の登記がすんで、固定資産の評価員が評価にきてから行うことにした。

A氏の友人も、A氏と同じころ、一戸建てを新築した。友人は、家の完成とほぼ同時に、塀や庭などの工事も終えていた。

A氏の家と友人の家は、部屋数や建物の面積はほぼ同じで、建物のみの購入価格も２０００万円とほぼ同じだった。

しかし、固定資産税の評価額には、２００万円以上も差があり、固定資産税は年間3万円もA氏の方が安かった。

固定資産税の税額の決め方

固定資産評価員が評価をする

↓

市長が決定

↓

土地価格等縦覧帳簿、家屋価格等縦覧帳簿、固定資産課税台帳の縦覧、閲覧（4月1日〜30日）

↓

納税通知書の交付

豪華な家だと
課税標準額が高く
評価されるかも
○○市役所

固定資産税の課税額に不服がある場合は、4月1日からの納税通知書の交付から60日以内の間に市町村の固定資産評価審査委員会に審査の申し出をする

固定資産税は
長期にわたる税金
なので相談に
きました

45 不動産に関する税金の節税方法

固定資産税は1月1日の所有者にかかる税金。1月2日にマイホームを買えば、1年分の節税になる。

前項で説明したように固定資産税は、土地や建物にかかる税金だ。

この固定資産税は、毎年1月1日に、土地や建物を所有している人にかかってくる。ということは、1月1日を避けて、1月2日以降に所有すれば、その年の固定資産税は払わなくて済むことになる。

土地の場合は、前の所有者と契約の時点で按分することが多いようなので、この方法で節税することは難しい。

しかし、新築の一戸建てやマンションの固定資産税は、自分の購入時期で、固定資産税の発生時期を調整することができる。簡単にいえば、新築の一戸建てやマンションは、1月2日以降のなるべく年始に買えば、固定資産税の節税になる。

今、家を買えば登録免許税が安くなる

登録免許税とは、不動産を登記するときにかかる税金だ。
登録免許税には特例措置があって、要件すべてに当てはまる場合には、税金が安くなる（P.211表参照）。

中古住宅を買った場合、本来は固定資産評価額の2％だが、特例を受ければ、0.3％となる。固定資産評価額が1000万円の場合、本来は20万円の登録免許税を払わなくてはならないが、特例を受ければ3万円で済むわけである。

この特例措置を受けるためには、登記の申請書に市町村長の証明書（上記の要件に当てはまっているという証明）を添付しなければならない。通常は、不動産業者が手続きをしてくれるが、たまに手続きを怠っている業者もあるので、不動産登記の際には、特例措置を受けているかどうか確認しておこう。また、不動産業者を通さず、自分で住宅の売買を行う場合、忘れずに特例を受けておくべきだ。

この特例は、平成23年3月31日までである（延長の可能性はある）。住宅購入の時期を決める際は、住宅ローン控除などとともに頭に入れておきたい。

宅地は200㎡を境に固定資産税が変わる

固定資産税には、軽減措置というものがある。これは土地も建物も、普通の住居に使うもの、また一定の面積以下のものであれば、安くしようという制度だ。

土地の場合は、２００㎡以下であれば、従来の半分でいい。ただし、２００㎡を超えた場合でも、超えた部分だけが通常の課税になるのであり、２００㎡以下の部分は半分の課税になる。

建物の場合は、床面積が１２０㎡以下であれば、３年または5年の間の固定資産税は本来の半分でいい。これも、土地の場合と同様に、１２０㎡を超えても、超えた部分だけが倍の課税となる。

土地の面積は60坪以下、建物の床面積は36坪以下というのが、固定資産税の軽減措置の対象となる。つまり、土地60坪超、建物の床面積が36坪超になると、固定資産税がぐっと高くなるわけだ。

家を建てる際には、この数字を頭に入れておくといいだろう。

登録免許税の特例と受けられる要件

登録免許税の特例

登記の内容	課税標準	本来の税率	住宅用家屋の特例
所有権の保存登記	固定資産税評価額	0.4%	0.15%
所有権の移転（売買）	固定資産税評価額	2.0%	0.3%
抵当権の設定登記	債権金額	0.4%	0.1%

登録免許税の特例を受けられる要件

1 新築住宅は、床面積が50m²以上（登記簿面積）。中古住宅は、新築後20年（耐火構造の場合は25年）以内で床面積が50m²以上。

2 新築または取得後１年以内の登記であること。

２つの要件はＯＫだ！
税金がこれだけ安くなるのは大きいなあ

46 印紙税のウラ技

不動産購入契約など、給与所得者にも決して関係ないことはない印紙税。節税の基本は知っておこう。

印紙税というのは、一定金額以上の契約書や領収書などにかかってくる税金だ。文書に印紙を貼ることで納税したことになる。サラリーマンにはあまりなじみがない税金のようだが、けっこういろんなところで知らないうちに印紙税を払っている。

たとえば、領収書。3万円以上の領収書には、必ず印紙を貼らなくてはならない。飲み屋などの領収書では、3万円を超えることもあるので、その領収書には印紙が貼ってあったはずだ。

印紙税の基本的な節税方法は、印紙税のかからない金額にすることだ。

たとえば、3万円の領収書を切る場合、その内容が分割可能であれば、1万円と2万円の領収書を切るなどで対応したい。

契約書、領収書は低い税金で済むように

普通サラリーマンは、領収書をもらうことはあっても、自分で切ることはない。しかしもし、SOHOなどの副業をする場合は、「3万円以上は印紙税がかかる」ということを頭に入れておきたい。

印紙税は、領収書などのほかに契約書にもかかってくる。契約書の場合は、500万円以上のものにしか高額な（1万円以上の）印紙税はかからない。サラリーマンでも住宅を購入したり、売却したりするような場合は、印紙税と関係が出てくるはずだ。

契約書の場合、契約金額によって、印紙税の額が変わってくる。5000万円以下では2万円なのに、5000万円を超えると、6万円もかかってくる。そこで、5000万円を少し超えそうな契約などの場合は、5000万円以下で契約し、残りは追加契約を行うことで、印紙税を節税することができる。

たとえば、5500万円の契約の場合、普通に払えば印紙税は6万円となる。しかし4800万円の契約を一日行い、その後、700万円の追加契約を行えば、印紙税は3万円で済むのだ。

印紙税のウラ技、メールやコピーで契約をする

印紙税というのは、文書にかかってくる税金だ。だから、文書を作らなければ、印紙税は払わなくていいということになる。

昨今では、インターネットが発達して、メールなどで、受発注等をする企業も増えている。契約に際して、わざわざ文書を作らずにメールで済ませてしまうと、印紙税はまったくかからないことになる。

メールというのは、双方に記録が残るので、いざとなったときの証拠能力は高い。下手に契約書などを作らなくても、メールだけで契約の確認にはなるのだ。「メールで済ませられるものはメールで済ます」ことが印紙税の節税になるといえる。

また印紙税がかかるのは、契約書であって、コピーにはかかってこない。文書の中に「署名」「押印」「原本と相違ないことの証明」などない単なるコピーであれば、印紙税はかかってこない。だから、契約書はなるべくコピーで済ませてしまうと、印紙税の節約になる。

印紙税は使い方を考える

領収書の印紙税

記載金額	印紙税額
３万円未満	非課税
100万円以下	200円
200万円以下	400円
300万円以下	600円
500万円以下	1,000円
1,000万円以下	2,000円
2,000万円以下	4,000円
3,000万円以下	6,000円
5,000万円以下	10,000円
１億円以下	20,000円
２億円以下	40,000円
３億円以下	60,000円
５億円以下	100,000円
10億円以下	150,000円
10億円超	200,000円

契約書の印紙税

契約金額	印紙税額
500万円超1,000万円以下	10,000円
1,000万円超5,000万円以下	20,000円
5,000万円超１億円以下	60,000円

47 海外に持ち出すものに消費税はいらない

海外渡航者は消費税を払わないで買いものができる。海外勤務者や留学生は忘れずに。

消費税だけは、絶対払わなくちゃならないと思っている人も多いだろう。

しかし、消費税も払わなくて済む場合があるのだ。

消費税というのは、国内で消費されるものにかかる税金である。だから、海外に持ち出されるものは免税となる。そのため仕事や旅行で海外に行くときに買いものしたものは、消費税は免税となるのだ。

ただし、海外から持ち帰ることはできないという建前になっている。だから、海外で使ってしまうか、海外でおみやげとしてあげてしまうものでないと、消費税の免税とはならない。また1個当たりが1万円以上のものでないと、消費税の免税とはならない。

消費税の免税コーナーがある売り場

消費税の免税を受けるには、まず輸出物品販売場という場所で購入しなければならない。これは、国際空港のある都市のデパート、大型小売店などに設置されている。といっても、特別に売り場があるわけではなく、免税のためのレジが設置されており、支払いをそのレジで行えばいいのだ。

購入の際には、その店に次の3つのうちのいずれかの誓約書を出さなければならない。

①渡航先の贈答用であり、帰国や再入国の際は持ち帰らないものであること。
②渡航先で2年以上使用するものであること。
③渡航先で消費してしまうものであること。

そして、出国の際に税関で証明書をもらい、それを購入した店に送付しなければならない。

手続きが少し面倒なため、ちょっと海外旅行に行くような人には不向きかもしれない。

しかし、海外に駐在する人や、留学する人などが、渡航前の準備をするようなときには、忘れずに利用したい。

外国旅行者の友人を作れば消費税は不要?

本文では、海外に行く場合に消費税を払わないで買いものをする方法を述べたが、実はもっと簡単に消費税を払わないで買いものをする方法もある。それは、外国人の友人を作ることである。

外国人は、1万円以上のものを買うとき、消費税を払わなくていい。日本に居住している外国人は、払わなくてはならないが、短期滞在の外国人であれば、払わなくていいのだ。

そして、外国人が消費税を払わないで買いものをする方法は簡単だ。免税コーナーでパスポートを見せるだけでいいのだ。日本人が外国に行くときのようなわずらわしい手続きは一切ない。

だから、消費税を払わないで買いものをしようと思えば、短期滞在の外国人の友人を作って、その人と一緒に買いものに行けばいいのだ。

ただし、おとがめを受けることはないだろうが、これは違法行為ではある。

海外渡航者が消費税を払わないで買いものをする方法

免税コーナー
（都心のデパート、大型電器店等）
で買いものの
支払いをする

↓

免税コーナーで
誓約書を提出する

↓

出国の際に
空港の税関で
証明書をもらう

↓

買いものをした
店に証明書を
送付する

海外で
使うんだけど
※
3つの条件のうち
いずれかがOKなら
大丈夫ですよ
※P.217参照

48 利子に税金がかからない財形貯蓄とは

元本550万円までの預金利子に税金がかからない財形貯蓄は、給与所得者の特権!!

預金などにつく利子にも、税金はかかっている。所得税15％と住民税5％の合計20％である。これはけっこう大きい。1万円の利子がついた場合、2000円も税金に取られてしまうわけである。これは預けた金の多寡にかかわらず、一律である。知らないうちに、利子から税金を取られている人も多いことだろう。

しかし、利子から税金を取られない預金もある。それは財形貯蓄である。しかも、これは給与所得者だけの特権でもあるのだ。

財形貯蓄とは、給与所得者が、一定の条件で毎月一定額のお金を積み立てて貯蓄をしていく場合、利子は非課税にするという制度である。元本が550万円までは非課税となる。夫婦共働きならば1100万円まで貯蓄が非課税となる。

障害者などの預金に適用される「マル優」の限度額が350万円であることを考えれば、財形貯蓄というのは、かなり優遇されているといえる。

利子が非課税となる財形貯蓄には、財形年金貯蓄と、財形住宅貯蓄がある。財形年金貯蓄は主に老後の資金のための貯蓄である。財形住宅貯蓄というのは、主に住宅購入資金のための貯蓄である。非課税になるには、ともに5年以上の契約が必要となる。

銀行に預金するなら財形貯蓄

財形貯蓄には、定期預金、定額貯金、合同運用信託などの種類があり、ほとんどの銀行で取り扱っている。

財形貯蓄には、利子が非課税とならないものもあるので、契約の際にきちんと確認しておこう。

また財形貯蓄には融資制度もあり、お金が急に必要となった場合は、取り崩さずに引き出すこともできる。

これといった財テク手段や知識がなく、余ったお金は何も考えずに銀行に預けているような人は、ぜひ財形貯蓄を利用したい。

利子に税金のかからない財形貯蓄で住宅資金を

A氏は入社10年目のサラリーマン。まだ結婚をしていない。

年収は４００万円程度あるが、貯金はほとんどない。独身にしては、少しはゆとりの給料をもらっているのだが、お金があればなんとなく使ってしまい、いつも給料日前には、預金残高がほとんどなくなっていた。

A氏はこのままでは、結婚もできないと思い、貯金をすることにしたが、どういうふうにすればいいのかわからない。定期にすればいいのか、定期積み立てにすればいいのか、それとも他の金融商品を買えばいいのか。先輩に相談してみたところ、財形貯蓄がいいだろうということだった。利子には税金がかからないし、毎月定期的に徴収されるので、A氏のような性格にはもってこいだろう、ということだった。

A氏は毎月3万円程度の財形に入ることにした。貯金は順調にでき、3年後に結婚し新居を建てた。

銀行等の預金利子

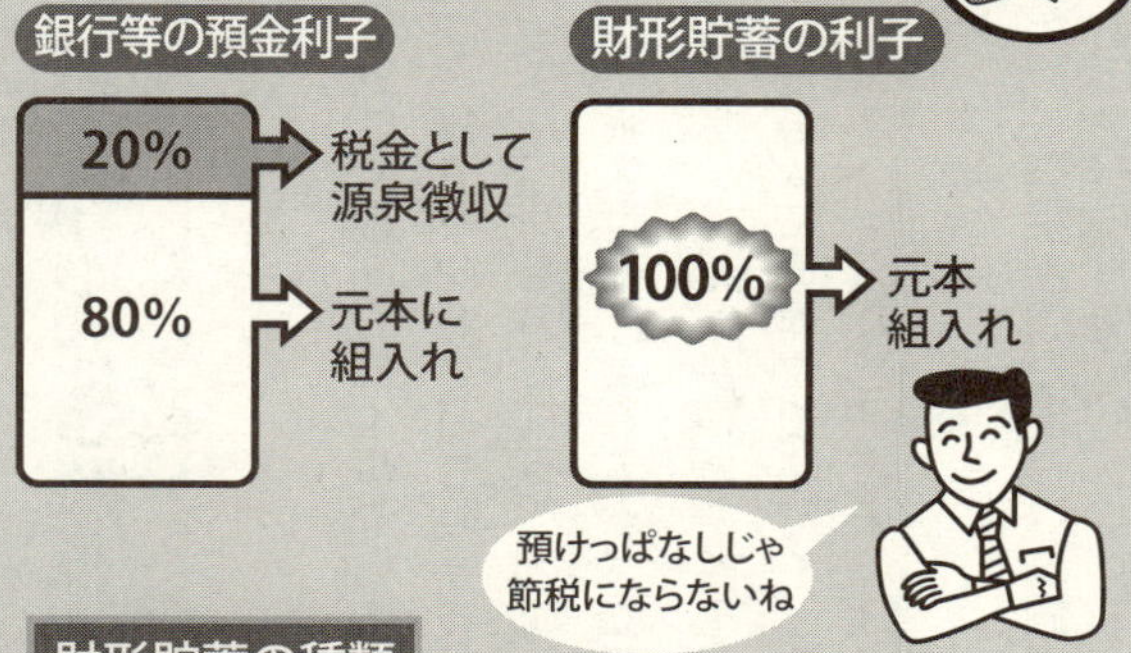

財形貯蓄の種類

預貯金（定期預金、定額貯金等）、合同運用信託（金銭信託〈新規取扱は終了〉）、有価証券（国債などの公社債、証券投資信託の受益証券、金融債、株式投資信託）、生命保険、生命共済、郵便年金、損害保険

財形貯蓄取扱機関

都市銀行、地方銀行、第二地方銀行、信託銀行、信用金庫、労働金庫、信用協同組合、農林中央金庫、商工組合中央金庫、農業協同組合・同連合会、漁業協同組合・同連合会、水産加工業協同組合・同連合会、ゆうちょ銀行、証券会社、生命保険会社、損害保険会社など

COLUMN⑥

お酒を作ったら脱税になる?

最近は、趣味でビールや日本酒を作る人も多いようだ。デパートなどでは、醸造キットなども販売されている。

しかし、勘違いされることが多いのだが、酒は無許可で作った時点で、もう立派な脱税行為である。現在の酒税法では1%でもアルコールを含有する飲み物は、免許がなくては作ってはならない。

だから人に売ったりしなくて、個人で楽しむだけだといっても、脱税には間違いないのだ。趣味で日本酒を作ったりするだけでも脱税なのである。

ただ、国税当局も現在は、個人的に作っているような場合は、それほど目くじらを立てることはないようだ。たいがいの場合、酒は作るより

買う方が安くつくため、酒税逃れのために作っているというものは、ほとんどいないからである。

自分で楽しむ程度は大目に見てくれる

以前に、どぶろく愛好家がどぶろくの合法性を主張して、自分のどぶろくの試飲会の招待状を国税庁に送りつけるという事件があった。そのときの国税庁は、酒税法違反での摘発という正攻法で応じた。「ここまで大っぴらにやられれば、国税としては動かざるを得ない」というものだった。逆に見れば、大っぴらにしない限りは、どぶろくの愛好程度は、国税としても大目に見るということなのだ。

酒というのは、今では高いものではなくなったので、酒税は大した税収ではない。しかし、酒が貴重品だった時代は、酒税が他の税目に抜きん出ていたこともあった。戦後しばらくは、農家などが大掛かりに密造酒を製造していたり、一般の家庭でもどぶろくを作るというようなことは珍しくなかった。それは、高い酒を買えないためであり、酒税を脱税するのが目的だったわけである。

しかし、昨今は、酒がそれほど貴重なものではなくなり、一部のマニアを除いては酒を自分で製造するようなことはなくなってきた。また今酒を作っているマニアたちも、別に酒税を脱税したいというわけではなく、単に自分で酒を作りたいということなので、国税も大目に見ているようだ。ただし、自分で作った酒を人に売ったり、飲食店で出したりすれば、国税も黙ってはいないはずだ。

付録

さらに税金に強くなる!!

税金の基礎知識

◆国税と地方税

税金には、国税と地方税がある。このふたつは、法律も担当機関も違う。国税の主な税金は、所得税、法人税、相続税、贈与税などであり、地方税は、住民税、自動車税などだ。消費税は、80%が国税で、20%が地方税となっている。

国税は、税務署が担《にな》っており、地方税は、都道府県や市町村の税務担当者が担っている。徴収方法も違うし、課税漏れや脱税があった場合の対応も違う。

ただし双方の情報は、共有している部分もあり、国税に申告があった場合、その申告を元に自動的に地方税が掛けられるケースも多い（所得税、法人税、住民税、法人事業税など）。

国税の中で、サラリーマンにもっとも関係があるのは所得税だが、これは源泉徴収されている。そして、地方税の中では、住民税がもっとも関係があるが、これも源泉徴収されている。

サラリーマンの税金は、国税も地方税も、会社というひとつの窓口で徴収されているわけだ。

◆収入と所得の違い

税金の本などの中には、収入と所得という言葉が両方出てくる。普通の人は、どちらも、同じような意味だと思われるかもしれないが、これは違うものである。

収入というのは、給料や事業などで得た利益のことである。所得というのは、収入から法律で定められた控除額を差し引いたものである。所得税や住民税は、所得に税率を掛けて算出される。

◆住民税とは

住民税とは、道府県民税（東京都民は都民税）と市町村民税（東京都特別区は特別区民税）からなる。

住民税には、所得割と均等割がある。所得割は、所得の多寡に応じて支払うもの。均等割は、所得の多寡にかかわらず、均等に支払うもの。

1月1日に住所がある場所の住民税を、納めることになる。

◆累進課税と逆進税

累進課税とは、収入が多くなるほど、税率が高くなるという制度のことをいう。たとえば、個人の所得税では、10〜37%の累進課税が取られている。

日本では、戦後長くこの制度が税務全般に採られてきたが、近年は緩和の方向に進んでいる。

逆進税とは、所得が少ない人ほど、高い税率になる税金のことをいう。たとえば消費税は、貯蓄をする余裕のない人ほど、収入に対する納税の割合は高くなるため、逆進税である。

◆物納と延納とは

物納とは、相続税の納税などで、現金で税金を支払えない場合に、ものや債券、不動産などで納めることをいう。

延納とは、税金が払えない人が、税金を払う期日を延ばしてもらうことをいう。延納した場合、公定歩合に連動した「利子税」を払わなくてはならない。

確定申告とは

◆確定申告

所得税や法人税などの申告のこと。

2月16日から3月15日までに行われている確定申告の受付は、個人の所得税である。ただしサラリーマンの還付の確定申告などは、この時期に限らず、年中受け付けられている。法人税の確定申告は、決算期月の2ヵ月後が期限となっている。

◆青色申告と白色申告

青色申告とは、個人事業者や法人が、帳簿をきちんとつけるという条件で、若干の税制上の特典を与える申告方法のことをいう。申告書の色が青いことから、この名がつけられた。サラリーマンが副業を行う場合でも、記帳をきちんとつけていれば、青色申告をすることができる。

白色申告とは、青色申告を申請していない事業者、法人の申告形態をいう。白色申告の業者は、記帳状況が悪く、どんぶり勘定の者が多い。申告書の色が白いことからこの名で呼ばれている。

◆申告納税制度

申告納税制度とは、税金は自分で計算して税額を決め、自分で納めるという制度のことをいう。日本では、この制度が採られているが、サラリーマンは実質的にこの制度の恩恵を受けていない。

戦前は、この「申告納税制度」ではなく、税務当局が各人の税金を決めて賦課徴収する制度が採られていた。

◆所得の種類

1.利子所得

預金などの利子による所得のこと。20%が源泉徴収されている。

2.配当所得

株の配当などで、得られる所得のこと。

3.不動産所得

家賃、駐車場などからの収入のこと。

4.事業所得

個人の事業での所得のこと。

5.給与所得

サラリーマンの給料や賞与などによる所得のこと。

6.退職所得

退職金による所得のこと。

7.山林所得

山林を伐採して得た所得のこと。

8.譲渡所得

資産の譲渡をして得た所得のこと。

9.一時所得

賞金など臨時的な所得のこと。

10.雑所得

1～9以外の所得のこと。

◆所得控除と税額控除の違い

税金の計算では、所得控除と税額控除というものが出てくる。

所得税や住民税は、（収入－所得控除）×税率－税額控除＝税金という計算式で算出される。だから、所得控除というのは、収入から差し引くことができるものであり、税額控除は、税金から直接差し引くことができるものということになる。

所得控除の場合は、その額に税率を掛けたものが節税額（還付額）になるが、税額控除の場合は、その額がそのまま節税額になる。

税務署、脱税、エトセトラ

◆脱税

脱税とは、法律的にいえば、悪質な税金逃れをして、有罪が確定したもの。通常、1億円以上の追徴税がなければ、起訴されないので、脱税は、本来はあまり数は多くない。

しかし一般的には、税金逃れ全般に対して、脱税という言葉が使われている。

◆税務調査

税務調査とは、納税者が提出した申告書に不審な点などがあった場合に、税務署などが、その納税者に対して行う調査のことをいう。

裁判所の礼状を取って行われる「強制調査」と、納税者の同意のもとに行われる「任意調査」がある。

◆マルサ

国税局調査査察部（査察課）のこと。通称をマルサという。悪質な課税逃れに対する強制調査専門の部署で、情報収集と強制調査が主な仕事である。

裁判所の礼状を持って調査を行うため、査察が入った場合は、納税者はほぼ逃れる余地がない。

◆調査官と徴収官

調査官とは、納税者の申告が正しいかどうかの、税務調査を行う税務職員のことをいう。

徴収官とは、確定した税金を納めていない人に対して、税金を納めさせる人のことをいう。

◆十五三（とおごうさん）

税務当局が、農業者や事業者の収入をいかに把握できていないかを示す税務関係者の俗語のこと。

これは、税務当局は給与所得者の所得は10割把握しているが、自営業者の所得は5割、農業従事者の所得は3割しか把握できていないことを表したもの。

実質的な所得に対してその程度の税金しか納められていない、ということを意味する。

◆過少申告加算税

税務調査などで、申告漏れが発見されたとき、課せられる罰金的な税金。

税務調査などで、新たに見つかった税金に対して、10%掛けられる。この過少申告加算税は、「悪質な課税逃れ」とまではいかないケースに課せられる。

◆重加算税

税務調査などで、悪質な課税逃れ（仮装隠蔽《いんぺい》）が発見されたとき課せられる罰金的な税金。税務調査などで、新たに見つかった税金の35%が掛けられる。

ここでいう仮装隠蔽とは、税金を逃れるために、実際にはないものを作り上げたり、実際にはあるものを隠したりする行為のことをいう。

◆無申告加算税

本来は税金の申告をしなければならないのに、申告をしていない者に課せられる罰金的な税金。税金の本体に対して15%が掛けられる。

あとがき〜税金の行方〜

本書は、2004年に発刊されたムック『よく分かる図解サラリーマンスーパー節税術』を文庫本に手直ししたものである。

2009年現在は、2004年に比べて、税金を取り巻く状況は大きく変化した。

まず最大の変化は、民主党が政権をとったことだろう。

民主党は、さまざまな政策を矢継ぎ早に繰り出し、日本の財政を大きく変革しようとしている。税金も当然、その影響を受ける。

当初の民主党の案によると、子ども手当が作られる財源として、扶養控除や配偶者控除は廃止される予定だった。筆者は、これは絶対まずいと思っていたら、どうやら、扶養控除、配偶者控除の廃止は一旦棚上げになったようである（15歳以下の子どもは扶養控除からはずされた）。

なぜ筆者がまずいと思ったかというと、扶養控除、配偶者控除を廃止すれば、お金がない人に多額の税金を課すことになるからだ。

扶養控除、配偶者控除というのは、妻帯して家族が多い人は、税金が安くなる制度である。

妻と扶養親族が二人の場合、扶養控除、配偶者控除を合わせて、1年で100万円以上が控除となる。この家族構成のサラリーマンは、だいたい年収が250万円くらいまでは所得税がかかってこないことになっている。

しかし、もし扶養控除、配偶者控除が廃止されれば、この家族構成でも年収150万円くらいから所得税がかかってくることになる。所得税がかかれば、住民税にも連動するので、一気に負担が増える。

自民党末期の税制でもっとも問題だったのは、高額所得者、資産家に対して減税を繰り返し、中低所得者に対しては増税を繰り返したということである。

このため昨今の日本では、貧富の差が拡大し、格差社会と呼ばれるようになった。格差社会は、税金が作ったといっても過言ではないのだ。

筆者は、経済的にみなが平等な社会を理想とはしていないし、そんなことは不可能だと思っているが、あまりに格差が大きいと、人の心が荒むという現実は知っている。発展途上国などで治安の悪い国は、必ず貧富の格差が大きい。だから、格差が大きくなっていいことはないといえるのだ。

この格差社会を解消するためには、中低所得者を減税し、高額所得者に対して増税する、中低所得者への予算配分を大幅に増やす、ということが求められる。

しかし、今のところ（２００９年11月現在）、民主党は、高額所得者への増税はほとんど検討していないし、子ども手当も所得制限をしないなど、金持ちも貧乏人も一緒くたの予算配分を進めている。

国民としては、今後とも民主党の税制改革の行方を、しっかり見守っていかなければならない。そのためにも、税金のことをもっと知っていただきたいと筆者は思っている。そのような思いも込めて本書を作った次第である。

最後に、祥伝社吉田氏、菊池企画はじめ、本書が書店に並ぶまで尽力していただいた皆様に、心から御礼を申し上げます。

平成22年吉日

大村大次郎

一〇〇字書評

切り取り線

購買動機（新聞、雑誌名を記入するか、あるいは○をつけてください）

- □（　　　　　　　　　　　　）の広告を見て
- □（　　　　　　　　　　　　）の書評を見て
- □ 知人のすすめで
- □ タイトルに惹かれて
- □ カバーがよかったから
- □ 内容が面白そうだから
- □ 好きな作家だから
- □ 好きな分野の本だから

●最近、最も感銘を受けた作品名をお書きください

●あなたのお好きな作家名をお書きください

●その他、ご要望がありましたらお書きください

住所	〒				
氏名		職業		年齢	
新刊情報等のパソコンメール配信を 希望する・しない	Eメール	※携帯には配信できません			

あなたにお願い

この本の感想を、編集部までお寄せいただけたらありがたく存じます。今後の企画の参考にさせていただきます。Eメールでも結構です。

いただいた「一〇〇字書評」は、新聞・雑誌等に紹介させていただくことがあります。その場合はお礼として特製図書カードを差し上げます。

前ページの原稿用紙に書評をお書きの上、切り取り、左記までお送り下さい。宛先の住所は不要です。

なお、ご記入いただいたお名前、ご住所等は、書評紹介の事前了解、謝礼のお届けのためだけに利用し、そのほかの目的のために利用することはありません。

〒一〇一-八七〇一
祥伝社黄金文庫編集長　吉田浩行
☎〇三（三二六五）二〇八四
ohgon@shodensha.co.jp

祥伝社ホームページの「ブックレビュー」からも、書けるようになりました。
http://www.shodensha.co.jp/bookreview/

祥伝社黄金文庫

祥伝社黄金文庫　創刊のことば

「小さくとも輝く知性」――祥伝社黄金文庫はいつの時代にあっても、きらりと光る個性を主張していきます。

真に人間的な価値とは何か、を求めるノン・ブックシリーズの子どもとしてスタートした祥伝社文庫ノンフィクションは、創刊15年を機に、祥伝社黄金文庫として新たな出発をいたします。「豊かで深い知恵と勇気」「大いなる人生の楽しみ」を追求するのが新シリーズの目的です。小さい身なりでも堂々と前進していきます。

黄金文庫をご愛読いただき、ご意見ご希望を編集部までお寄せくださいますよう、お願いいたします。

平成12年(2000年) 2月1日　　祥伝社黄金文庫　編集部

図《ず》解《かい》　給与《きゆうよ》所得者《しよとくしや》のための10万円得《まんえんとく》する超《ちよう》節税《せつぜい》術《じゆつ》

平成22年2月20日　初版第1刷発行

著者　大《おお》村《むら》大《だい》次《じ》郎《ろう》

発行者　竹内和芳

発行所　祥《しょう》伝《でん》社《しゃ》

東京都千代田区神田神保町3-6-5

九段尚学ビル　〒101-8701

☎03(3265)2081(販売部)

☎03(3265)2084(編集部)

☎03(3265)3622(業務部)

印刷所　堀内印刷

製本所　ナショナル製本

ISBN978-4-396-31503-0 C0195

祥伝社のホームページ・http://www.shodensha.co.jp/